KB200357

당신,
내 편이라서
고마워

당신, 내 편이라서 고마워

지은이 | 박성덕
초판 발행 | 2017. 9. 18
3쇄 발행 | 2021. 12. 24
등록번호 | 제1988-000080호
등록된 곳 | 서울특별시 용산구 서빙고로 65길 38
발행처 | 사단법인 두란노서원
영업부 | 2078-3352 FAX | 080-749-3705
출판부 | 2078-3331

책값은 뒤표지에 있습니다.
ISBN 978-89-531-2962-7 03230 Printed in Korea

독자의 의견을 기다립니다.
tpress@duranno.com www.duranno.com

* 본문 중 사례에 나오는 이름은 모두 가명임을 밝힙니다.

두란노서원은 바울 사도가 3차 전도여행 때 에베소에서 성령 받은 제자들을 따로 세워 하나님의 말씀으로 양육하던 장소입니다. 사도행전 19장 8-20절의 정신에 따라 첫째 목회자를 돕는 사역과 평신도를 훈련시키는 사역, 둘째 세계선교(TIM)와 문서선교(단행본잡지) 사역, 셋째 예수문화 및 경배와 찬양 사역, 그리고 가정·상담 사역 등을 감당하고 있습니다. 1980년 12월 22일에 창립된 두란노서원은 주님 오실 때까지 이 사역들을 계속할 것입니다.

박성덕 소장의

서로에게 힘이 되는 부부 관계법

당신, 내 편이라서 고마워

박성덕 지음

두란노

하나님의 주례사

부부가 상담을 받는 이유는 그들이 '부부'로 살고 있지 못하기 때문이다. 다양한 이유로 상담소 문을 두드리지만 대부분은 부부가 함께 그 문제를 풀지 못하는 중이다.

결혼생활을 유지하기 위해서 심각한 문제는 어느 부부에게나, 언제든 발생할 수 있다. 불화의 원인으로 부부가 호소하는 내용은 다양하다. 하지만 사실 갈등은 부부가 호소하는 그 것에 원인이 있지 않다. 그 문제를 풀 수 있을 정도로 '부부가 연합'되어 있기 때문이다. 배우자의 부모가 힘들게 하고, 자녀가 말썽을 부려도 부부가 함께 그것을 풀어갈 수 있게 연합되어 있다면 굳이 상담을 받을 필요가 없다. 성격이 다르고, 성장 배경이 다르고, 취미가 다른 부부에게 황혼이 찾아와도 '연합된 부부'는 그것을 문제로 느끼지 않고 함께 풀어갈 수 있다. 문제와 상황이 부부를 불행하게 만드는 것이 아니다. 서로를 바라보는 시선이 갈등의 근본 원인이다. 빙산에 솟은 눈에 보이는 일부분이 문제가 아니라 보이지 않은 큰 부분이 문제의 본질이다. 남편과 아내의 마음, 욕구, 상처와 부부가 서로 어떻게 관계하고 있는지 빙산에 숨겨진 부분을 보아야 한다. 그래서 겉으로 보이는 문제를 가볍게 푸는 부부도 있고, 반면 동일한 문제로 인해 결혼생활 전체가 난파될 수도 있다.

나 역시 10년 가까이 우리 부부에게 문제가 닥칠 때마다 서로에게 상처를 주고받았다. 문제를 두고 서로를 공격했다. 문제에 대해서 갖고 있는 서로의 마음에 다가갈 수 없었다. 하지만 지금은 어떤 문제를 만나도, 설사 그 문제가 과거에 겪은 그 무엇보다 더 심각해도 가볍게 지나갈 수 있게 되었다. 그 해답을 하나님의 말씀을 통하여 찾았기 때문이다.

최근 방송의 다양한 프로그램이 부부 문제를 다루고 있다. 담장 안에 가두었던 한국 가정이 민낯을 드러내며 변화를 꾀하고 있다. 이혼을 선택하기보단 진정한 행복을 위해서 부부가 그들의 갈등과 관습에 맞서기 시작했다. 배우자에게 향하던 분노를 회복을 향한 에너지로 승화시키고 있다. 체면과 두려움에 맞서 부부가 연합하기 위해서 남편과 아내가 힘을 내기 시작한 것이다.

저자가 오랜 시간 책임 전문가로 참여한 EBS 〈남편이 달라졌어요〉, 〈부부가 달라졌어요〉에 갈등 부부가 용기를 내 벌거벗고 나섰다. 그렇게 연합해 가는 부부의 모습이 한국 가정에 감동을 주었다. 담장 안에 갇혀 있던 남편과 아내가 이제 “부부”가 되는 방법을 찾기 위한 노력을 시작한 것이다.

결혼 전날을 떠올려 보라. 설렘에 가슴이 두근거리는 동시에 알 수 없는 두려움이 가득했을 것이다. 남자는 앞으로 가정을 잘 꾸려 가고 가족을 먹여 살릴 수 있을지 걱정하며 자신의 능력에 대해 고민할 것이다. 여자는 이 남자와 함께 살아도 될지, 끝까지 나를 사랑해 줄지 고민일 것이다. 이렇듯 행복을 꿈꾸며 시작한 결혼은 얼마가지 못해서 심각한 갈등을 만난다. 서로를 탓하고, 남자는 일에 매달리고, 아내는 자녀 양육에 온 힘을 쏟는다. 이때 부부는 연합하지 못하고 아파한다. 연합하여 한 몸을 이루라고 아담과 하와에게 주신 하나님의 말씀이 현대를 살아가는 부부의 주례사가 되길 희망한다. 부부 연합이 뒤엉킨 갈등의 실타래를 풀 수 있는 실마리가 되고 세상에 둘도 없는 내 편과 함께 2막의 인생을 살길 기대해도 좋다.

말씀에 근거하여 원가족, 결혼, 부부 사랑, 부부 불화, 회복에 대한 밑그림을 그릴 수 있기를 바란다. 이 책을 통하여 가족과 부부의 회복을 돕는 역할을 하고 있는 나에게 주신 하나님의 말씀, 전문가로서 배웠던 이론적인 배경, 그리고 부부로서 겪었던 개인의 경험, 부부상담가로서 겪은 실제적인 노하우를 전하고자 노력했다. 아무쪼록 갈등을 속에서 회복을 바라는 부부, 행복한 결혼생활을 설계하는 부부, 결혼을 앞둔 예비부부, 자녀를 떠나보내고 황혼을 맞이하는 부부에게 도움이 되기를 바란다.

목차

당신을 내 편으로 만드는 1단계

Step 1

주례사부터 다시 시작하자

하나님이 계획하신 부부의 첫걸음

Question "소장님, 고민입니다."

남편과 싸우지 않으려고 하는데 어제도 못 참고 결국 싸웠습니다. 사실, 시작은 가벼운 말다툼이었는데 애들 이야기가 나오면서 말이 거칠어졌어요. 남편과 저는 결혼하면서 자녀 교육만큼은 정말 기도하면서 잘 해보려고 다짐을 했었는데, 정작 지금은 아이들이 우리가 싸우고 화내는 모습을 자주 보게 되니까 걱정이 많습니다. 결혼생활이 늘 이런 것도 아닌데 아이들이 우리 때문에 결혼에 대해 부정적이거나 그릇된 생각을 갖게 되면 어떡하죠. 어디서부터 시작해야 할까요.

늘 싸우던 부모의 자녀는 아버지나 어머니가 불쌍한 마음에 쉽사리 부모를 떠나지 못한다. 창세기 2장 24절에서 하나님은 '부모'를 떠나라고 말씀하신다. '아버지' 혹은 '어머니'가 아닌 '부모'를 떠나라고 했다.

이 시대 결혼한 혹은 결혼을 앞둔 많은 젊은이들이 어머니나 아버지를 떠나지 못하고 있다. 부모가 부부로 연합되지 못하고 불행하게 살면, 자녀는 떠나는 데 주저할 수밖에 없다. 심지어 떠남 자체를 미안하게 생각하는 자녀도 있다. 불행한 삶을 산 어머니와 아버지가 자녀를 떠나지 못하게 붙잡는다. 이들의 특징은 배우자에게 얻지 못한 사랑을 자녀를 통해 보상받으려는 것이다. 부모가 부부로서 행복하게 살아가리라는 확신이 있을 때 자녀는 자신의 결혼생활에 집중할 수 있다. 이렇듯 부모의 갈등은 자녀의 떠남을 방해한다. 자녀를 계속 부모의 곁에 머무르게 만든다. 갈등을 겪는 부모는 자녀가 떠나는 것에 죄책감을 갖게 한다. 부모의 불화는 그 단어만으로도 자녀에게 깊은 죄책감과 상처다. 더불어 자녀로 하여금 아버지 혹은 어머니에게 연민과 분노를 일으키게 한다.

아버지에게 무시를 당하고 매를 맞고 사는 어머니는 늘 불쌍할 뿐이다. 어머니의 분풀이 대상이었던 아버지에 대한 연민이 일어난다. 자식으로서 어머니와 아버지를 보호하고 지켜야 된다는 불필요한 책임이 부담스럽다. 그래서 부모를 쉽게 떠나지 못하고 자신의 배우자와의 연합이 어렵다. 그리고 배우자에게 엄포를 놓게 된다. "나에게 못해도 되는데 우리 엄마에게 못하면 이혼할 각오해." "우리 엄마, 아빠에게서 피눈물 나면 나는 참을 수 없어."

이런 말 속에는 자녀의 오랜 고통이 깊이 담겨 있다. 부모가 부부로 연합되지 못하면 대를 이어 불행이 되풀이 된다. 부모는 자녀가 자유롭게 부모를 떠날 수 있도록 연합되어야 한다.

부모가 부부로 연합되어 있어야

부모가 연합되지 못할 때 나타나는 또 다른 부작용은 자녀의 정서적 불안과 결핍이다. 자녀는 부모의 감정을 받아내는 쓰레기통이 아니다.

"부모님은 하루도 거르지 않고 싸웠어요. 동생과 나는 늘 불안해서 말 없이 숨죽이고 있었어요. 하지만 싸움보다 싸움 이후가 더 힘들었어요. 부부 싸움이 끝나면, 아빠는 우리에게 고함치며 밖으로 나갔어요. '니들만 아니면 벌써 이혼했어. 열심히 일하면 무슨 소용이 있어. 집구석이 이 모양인데.' 조금 있으면 엄마가 우리에게 와요. '오늘 엄마가 맞은 거 다 기억하고 있어. 내가 얼마나 참고 사는지 알지. 너희 둘만 아니면 나는 이미 이 세상 사람이 아니야. 저런 독한 아버지하고 사는 것도 다 니들 때문이야!' 현재 동생과 저는 결혼을 했지만, 둘 다 결혼생활이 원만하지 못해요. 아내는 내가 부모가 부르면 아무 생각 없이 달려간다고 화를 내요. 어머니가 전화를 하면 다른 생각이 들지 않고 빨리 가서 싸움을 말려야 된다는 생각뿐이에요. 아내에게도 나는 신경 쓰지 않아도 되니까 제발 부모님께 잘해 달라고 부탁했어요."

상담을 통해서 아들은 아버지가 일하면서 지친 마음을 어머니로부터 위로받고 싶어 한다는 사실을 알았다. 어머니는 혼자 자녀를 돌보고 인내하는 마음을 아버지로부터 이해받고 싶었다는 것을 알게 됐다. 아들의 부모는 제대로 표현할 줄도 사랑하는 방법도 몰랐다. 사실 그 부모는 이전 세대에서 보여 주었던 부부의 삶을 답습하고 있었다. 이해가 생긴 아들이 먼저 해야 할 것이 있다. 부모의 화해가 아닌, 아내와의 회복이 먼저였다. 아내 역시 남편에게 사랑받고 싶어 함을 깨닫고 다가갔다. 부부의 연합이야말로 대물림의 악순환을 끊는 해법임을 인정한 것이다. 부부 관계가 회복된 후 아들은 말했다.

"아내와의 연합이 불효가 아님을 확실히 알게 해 주셔서 좋았어요. 얼마 전부터는 싸움 후 연락하는 부모님의 전화를 거절했어요. 물론 처음에는 서운해 하셨지만 조금씩 변화가 생기고 있어요. 실제 부모님의 싸움 빈도가 줄고 있어요. 물론 저 대신 아내가 부모님께 자주 전화를 드려요. 그리고 부모님이 부를 때 가는 것이 아닌 우리가 정해 놓고 찾아가요. 며느리와 함께 가면 부끄러워하시기도 해요. 부모님을 건강하게 위로하는 방법을 찾은 것 같아요. 아내가 이전의 나를 포기하지 않은 것이 얼마나 감사한 일인지 몰라요."

결혼 후 둘 만의 신혼기를 거쳐, 부모가 되고, 할아버지와 할머니가 되어도 변하지 않는 정체성이 있다. 언제나 두 사람은 남편과 아내, 즉 '부부'라는 사실이다. 부부라는 사실을 놓치면, 신혼일 때나 부모가 됐을 때 심지어 나이가 들어서도 고통이 따른다. 부부를 놓치면 '빈둥지증후군'이나 '황혼 이혼'의 결과를 나을 수 있다. 쉼 없이 부모 역할만 하다가 자녀가 떠나 둘만 남을 때, 낯설고 힘든 그때에 빈둥지증후군이 찾아온다. 그리고 부부가 함께 걸어가야 할 인생 추수기에 '황혼 이혼'을 선택하기도 한다. 이것이 부부라는 사실을 놓쳐 버린 결과다. 부부의 연합과 부부의 본질을 몰라서 따르는 고통이다. 결혼해 죽는 날까지 부부의 삶을 살지 못하면 언제나 위기가 찾아온다. 하지만 연합을 소중히 생각하는 부부는 신혼기, 부모기, 중년기, 노년기에 찾아오는 위기를 함께 풀어가며 위로하게 된다.

최근에는 결혼한 딸이 친정 부모의 상담을 권하는 사례가 늘고 있다. 그래서 노부부의 상담을 자주하게 된다. 주로 결혼한 딸이 부부가 서로 행복하게 의지하며 살 수 있음을 깨닫고, 늘 싸움으로 고통받는 부모가 안타까워 상담을 신청한다. 부부 회복 프로그램인 〈부부가 달라졌어요〉 방송에 출연했던 딸이 부모가 회복되고 나서 마지막 스튜디오 녹화 때 이런 말을 했다. "지금까지 우리를 위해서 엄마, 아빠로 사셨다면, 이제 남편과 아내로 서로에게 힘이 되는 부부로 사세요."

부모의 연합은 자녀가 결혼하여 건강하게 연합할 수 있게 만드는 기본 설계도다. 반대로 부모가 불화를 겪으면 자녀는 결혼해서 이루어야 할 부부 연합의 기초가 흔들리게 된다. 그 자녀는 보고 배운 건강한 부부상이 없기 때문이다.

한편 부모의 심한 불화를 보면서 자란 자녀가 결혼을 서두르기도 한다. 이는 건강하게 부모를 떠나는 것이 아니라 불행의 탈출구로 결혼을 선택한 것이다. 이들의 결혼은 부부 연합의 초점이 아니다. 지긋지긋한 가정의 불행을 벗어나고 싶기에 분노하며 부모를 떠난다. 애석하게도 그 분노는 다시 배우자와 자녀를 향한다.

부모의 사랑을 받지 못하면 배우자를 선택하는 데 어려움을 겪을 수 있다. 결혼을 위한 배우자 선택에 있어 다양한 요소를 고려하지 못한다. 가정을 탈출할 수만 있으면 대상과 상관없이 쉽게 선택하고 결정한다. 이러한 결혼은 배우자와의 연합을 방해하고 부부 갈등의 대물림을 초래한다. 부모에게 받은 상처는 장소와 때를 막론하고 자녀를 괴롭힌다. 이 결혼으로 과거의 상처에서 벗어나는 것이 아니다. 자녀는 부모로부터 받은 상처를 극복하기 위한 삶을 평생 살아간다. 부모에게 받지 못한 사랑을 갈구하며 살아가는 생활이 삶의 일부가 된다.

"저는 부모의 갈등으로 늘 불안에 떨면서 살았어요. 빨리 부모를 떠나고 싶은 마음만 있었어요. 그래서 남편을 만나서 지긋지긋한 부모와 단절하기 위해 결혼을 선택했어요. 하지만 저의 결혼생활도 불행했어요. 친정에서 벗어나기 위해서 남편이 어떤 사람인지 깊이 생각하지 못했어요. 조용하고 차분해 보이는 성격의 남편이 아버지와 달라서 좋았어요. 아버지는 과격하고 폭력적이었는 데 반해 남편은 조용하고 말수가 적었어요. 결혼하면 부모님처럼 싸우지 않고 살 수 있겠다고 생각했어요. 그런데 그저 조용하고 과묵하다고 생각했는데 고립되어 사회생활이 힘든 사람이었어요. 남편은 다른 사람과 전혀 어울리지 않고 혼자만 지내요. 어린 시절 자신의 감정을 받아주는 사람이 없어서 모든 것을 혼자 알아서 해결해야 했기에 위축되어 지냈어요. 내가 무엇인가를 따지거나 불만을 토로하면 남편도 폭발했어요. 아버지와 다른 착한 남자를 만나면 된다는 생각에 다른 것을 보지 못했어요. 솔직히 쓰레기차를 피하려다가 똥차를 만난 기분입니다. 제 결혼은 망가지고 있었어요. 더 이상 이렇게 살 수 없겠다 싶어서 상담을 신청했어요. 저와 남편의 상처는 이제 우리가 해결할 수 없을 지경입니다."

부모가 부부로서 행복하게 살아가는 모습을 많이 보여 주는 것이 자녀에게 줄 수 있는 가장 큰 선물이다. 자녀가 장성하여 부모를 떠나 결혼했더라도 부모는 여전히 부부로 연합해야 한다. 친정의 부모가 안정적으로 살고 있어야 딸은 자신의 결혼생활에 집중할 수 있다. 부모님이 서로 연합되어 있어야 아들은 죄책감 없이 배우자와 연합할 수 있다. 부모는 먼저 부부가 되어야 한다. 부모가 서로 아끼고 사랑하는 연합된 부부가 되기를 힘써야 하는 이유가 바로 여기에 있다. 자녀의 행복한 결혼생활을 돕고 싶다면 부모가 먼저 연합되어야 한다.

부부의 개념이 없었던 한국 가정

한국 가정의 가장 큰 아픔은 무엇일까? 가족과 부부를 상담하는 전문가로서 이 문제에 대해 자주 고민한다. 한국 가정에 부부의 삶이 없었다는 것이 핵심 문제가 아닐까. 남자, 여자, 아버지, 어머니, 며느리, 사위, 아들, 딸은 있지만 부부는 없었다. 남자, 아버지, 아들의 역할을 남편의 것 인양 착각하고 살았다. 여자, 어머니, 딸이 가진 속성을 아내의 역할로 생각했다.

더 정확하게 말하면 부부가 어떻게 살아야 하는지 몰랐다. 보편적으로 남자는 가장으로서 돈을 벌고, 여자는 가사와 육아를 감당했다. 아버지와 어머니가 무엇을 해야 할지는 알고 있었다. 부성애와 모성애도 존재했다. 그런데 부부, 즉 남편과 아내가 무엇인지 잘 몰랐다. 때로는 남자와 여자의 역할을 부부의 역할로 생각했다. 모성애와 부성애를 아내와 남편의 역할로 강조하기도 했다. 남편과 아내가 서로에게 어떤 존재인지 정의되지 않았다. 부부가 어떻게 사랑을 해야 할지 전혀 알지 못했다.

아내를 사랑하고 아끼면 팔불출이라 불렀으니 부부 사랑을 기대하기 어려웠다. 정책적으로도 부부의 사랑을 막았다. 하늘인 남자와 땅인 여자는 동등함조차 갖지 못했다. 효도라는 도리에 가려서 부부의 사랑을 불효처럼 다루었다. 부모에 대한 효도, 부부의 사랑, 자녀에 대한 사랑, 이 세가지는 가정에서 모두 중요하다. 이 중에서 법으로 하나를 강조하여 나머지 둘을 금지하면 이는 폭군이 될 수 있다. 과거 충효를 강조하는 가부장적인 문화가 지배하면서 가정에 사랑이 사라졌다. 도리만 강조되고, 부부의 사랑을 금했고, 심지어 안아 주면 버릇 나빠진다며 자녀를 향한 사랑 표현도 자유롭지 못했다.

다른 사람들 앞에서 배우자와 자녀를 낮추고 폄하하는 것을 겸손의 미덕으로 여겼다. 정말 가슴 아픈 한국 가정의 초상이다. 사랑이 사라진 가정이 얼마나 큰 문제인지 인식조차 없었다. 가정에서는 잦은 폭력이 있었다. 밥상을 엎는 행위가 드라마에만 나오는 일이 아니었다. 성경에서 말하는 부부 연합의 개념이 아예 없었다. 아내를 사랑하면 치마폭에 싸여 사는 나약한 남자라고 낙인이 찍혔다. 부부의 연합을 강조하는 성경과 달리 유교에서는 결혼과 함께 오히려 부모와의 연합을 강조했다. 배우자와의 연합은 꿈꿀 수 없었다. 효도가 강조되니 부모 중심의 가정이었다.

칠거지악(七去之惡), 즉 아내가 이혼을 당하는 일곱 가지 이유 중에 가장 첫 번째 사유가 시부모에게 효도하지 않았을 때다. 부부가 사랑하지 않아서 이혼을 한다는 대목은 없다. 왜냐하면 부부의 개념이 없었기 때문이다. 가부장적인 유교가 한국 가정에 자리 잡은 기간이 그리 오래되지 않았다. 이해를 위해서 과거 가부장적인 한국 역사를 둘러볼 필요가 있다. 저자가 집필한 책《당신, 힘들었겠다》에는 다음과 같이 기록하고 있다.

"한국 가정의 유교적이고 가부장적인 역사는 그렇게 오래 되지 않았다. 16세기 조선 중기까지만 해도 한국사회는 개방적인 사회였다. 신분 상승도 가능했고 유교, 불교, 도교가 공존했다고 한다. 조선 후기에 오직 유학, 특히 주자학만이 남아서 가부장이 가정을 지배했다. 고구려부터 조선 중기까지 처가살이도 흔했다. 아들과 딸은 재산을 균등하게 상속받았고 제사도 자식이 돌아가면서 지내는 윤회봉사를 했다고 한다. 남녀의 권리와 의무가 동등했다고 전해진다.

가부장제는 17세기 후반 이후에 급속히 강화되었다. 가부장제는 반만년 한국 역사적 전통이 아니라 유교가 들어오면서 시작된 비교적 짧은 기간에 세워진 현상이다. 고려대학교 정창권 초빙교수의 저서《조선의 부부에게 사랑법을 묻다》에서 조선 중기 이전까지는 권위적인 남편과 순종적인 아내가 조선시대의 부부 모습이 아니라고 한다. 그 이전까지는 어느 한쪽으로 기울지 않고 서로 대등한 관계를 유지하며 마치 친구 같은 부부생활을 했다고 전한다. 부부는 서로 자신의 정서를 자유롭고 적극적으로 표현했다. 당시 부부 싸움의 이유가 지금과 유사했다. 남편이 집안일에 무관심하고 가사를 돌보지 않아서 부부 싸움이 벌어졌다고 전해진다. 조선 중기 오희문의 일기 〈쇄미록〉에 '1592년 10월 4일, 아침에 아내가 나보고 가사를 돌보지 않는다고 해서 한참 동안 입씨름을 벌였다' 고 기록되어 있다. 남편의 외도 역시 부부 싸움의 이유였다. 이문건의 일기 〈묵재일기〉에 '1552년 10월 5일. 아내가 지난밤에 있었던 일을 자세히 물어 기녀가 곁에 있었다고 대답하니 크게 화를 내고 욕하고 꾸짖었다. 아침에 방자리와 베게를 칼로 찢고 불에 태워버렸다. 두 끼니나 밥을 먹지 않고 종일 투기하며 욕하니 지겹다'고 적었다. 예나 지금이나 비슷하게 부부 싸움을 했고 감정 표현이 비교적 자유로웠다.

조선 중기 이후 유교의 영향으로 결혼의 의미를 '혼인이란 남녀의 좋은 점을 합쳐 위로는 종묘를 받들고 아래로는 후손을 잇는 것'이라고 밝혔다. 부부의 관점이 사라져 갔다. 남녀의 사랑의 의미가 축소되었다. 결혼해서 조상을 숭배하고 아이를 낳는 것이 부부의 도리였다. 이후에 한 맺힌 여성사가 시작된다. 시집살이가 혼인제도로 자리 잡고 재산 상속도 아들 중심으로 변했다. 점차 남자는 높고 여자는 낮고 천하다는 남존여비(男尊女卑) 의식이 팽배해졌다. 결혼 전 남녀유별, 출가외인 등의 가족 이념이 여성들의 행동을 제한했다.

1623년 인조반정을 계기로 서인이 정권을 장악하면서 문벌가문이 등장했다. 임진왜란과 병자호란을 거치면서 과거제가 남발하면서 양반의 수가 급격히 늘어났다. 그래서 최상층의 문벌 가문만 벼슬을 해야 한다는 문벌사회가 도래한다. 자기 가문을 유지하기 위해서 완고한 가부장제를 적극 수용했다. 불과 오래 되지 않은 가부장적인 유교 제도가 정치적인 권력을 유지하기 위해서 강화되었다는 것이 아쉽다. 그렇게 되지 않았다면 한국 가정의 모습이 달라졌을 것 같다. 부부가 살아가는 모습과 문제를 푸는 방법이 달랐을 것이다. 이렇게 경직되지 않았을 것이다. 그리 길지 않은 가부장제의 역사가 변화를 하려면 엄청난 에너지를 필요로 한다."

효도가 강조되다보니 과거 한국 가정은 효도와 연관된 정체성(identity)이 우선이었다. 즉 결혼해도 남자는 효도를 해야 하기 때문에 남편보다 아들의 신분을 유지해야 했다. 아내보다는 며느리여야 했다. 그래서 당연히 남편과 아내라는 부부의 정체성보다 아들과 며느리의 역할이 우선시됐다. 결혼하여 부부인 남편과 아내가 아닌 '아들과 며느리'로 살아야 했다. 효도가 우선인 아들에게 남편의 역할은 뒷전이었다. 그리고 아내보다는 부모에게 잘하는 며느리가 필요했다. 아내가 시댁에 가기 싫다고 말하면, "며느리가 어떻게 그럴 수 있냐?"고 말했다. 남편이 되어 "당신 무슨 일 있어?"라는 식으로 아내의 아픔을 풀어 주는 일은 없었다. 이러한 팔불출 문화가 여전히 현대 한국 가정에 힘을 발휘하고 있다.

칠거지악에서 여자의 질투가 이혼 사유인 것은 축첩제도를 인정하는 수단이었고, 여자가 심한 질병이 걸리면 위로와 치료가 아닌 후손을 낳을 수 없기 때문에 소박을 맞았다. 말이 많아도 이혼을 당하니 벙어리 3년, 귀머거리 3년이라는 말이 나온 것이다. 암탉이 울면 집안이 망한다고 했다. 과거의 여자는 인간다운 삶을 기대하기 어려웠다. 칠거지악 어디에도 부부의 사랑과 연관된 내용은 없다. 지금도 아내가 외도한 남편에게 분노하면 남편이 이렇게 표현하는 경우가 있다. "어련히 알아서 집에 돌아갈 텐데 아내가 현명하지 않게 자꾸 외도한 일에 대해 말해요."

외도를 하는 것도, 외도를 끝내는 것도 가부장적 남자의 마음에 달려있지 여자가 아파하는 것이 잘못이라고 여겼다. 가장 가까워야 할 부부가 아무런 대화도 나눌 수 없었다.

성경이 말하는 "부모를 떠나라"는 것은 부모를 미워하라는 말이 아니다. 부모 사랑을 결혼 전에 듬뿍 받고, 결혼 후 부부가 서로 사랑하며 사는 것을 우선순위로 삼으라는 뜻이다. 유교는 효도를 위해서 부부가 아닌 아들과 며느리로 살아야 한다. 부자는 친하고 부부는 법도가 있어야 한다. 부자유친(父子有親), 부부유별(夫婦有別)을 강조한다.

그러나 하나님은 이와 반대로 말씀하신다. 부부가 사랑을 회복하는 것이 불효가 아니며, 연합이 우선되어야 한다고 말한다. 부부 연합 자체가 부모에 대한 효도이다. 자녀가 행복한 결혼생활을 하는 것을 가장 원하는 사람이 부모일 것이다. 유교는 '아들'과 '며느리'가 하는 효도라면, 기독교는 '부부 연합'으로 하는 효도이다. 그래서 고부갈등의 가장 좋은 해결책은 효도가 아닌 부부 연합이다. 효도를 강조할 때 고부갈등은 더욱 심각해지고 미궁에 빠져들기 때문이다.

부부가 살아야 가정이 산다. 부부가 연합해야 진정한 가정이 된다. 부부가 연합할 때 부모와 자녀에게 줄 새 힘이 생긴다. "남편이 효자이기를 포기하고 제게 다가오니까 오히려 저는 효부가 되어가요." 고부갈등으로 고통을 겪으며 상담실을 찾은 어느 40대 아내의 고백이다.

남편은 뭐라고 했을까? "이제야 실마리를 찾은 것 같아요." 이것이 남편의 대답이다. 지금 한국 가정은 실종되었던 부부의 사랑을 회복해야 할 때다. 부부의 사랑 회복의 첫걸음이 바로 '연합'이다.

결혼 전까지 부모의 사랑을 받아야 한다

자녀는 결혼을 통해 부모를 떠난다. 이것은 즉, 결혼 전에는 부모와 연합해야 한다는 말이다. 결혼 전 자녀는 부모의 사랑 안에 거해야 한다. 자녀가 부모를 떠나기 위한 전제 조건은 연합이다. 소중한 사람과 연합을 경험한 자만이 쉽게 떠날 수 있다. 활시위와 하나가 된 화살이 과녁을 향해서 떠날 수 있다. 먼저 건강한 연합을 경험한 자녀가 건강하게 떠날 수 있다. 떠남과 연합을 반대어로 생각할 수 있다. 그렇지 않다. 떠남의 전제 조건이 연합이기에 결국 같은 말이다. 구조주의적 가족치료 모델을 만든 미누친이 다음과 같이 말했다. "소중한 사람과 강하게 결합될 때 독립할 수 있다." 이는 하나님께서 이미 하신 말씀이다.

결혼 전 소중한 부모와 연합된 자녀는 결혼 후 또 하나의 소중한 배우자와 연합하기 쉽다. 결혼 전에는 부모의 사랑을 충분히 받아야 한다. 그 사랑의 힘으로 멀리 떠날 수 있다. 세상을 탐색하고 진취적이고 독립적인 삶을 영위한다. 부모와 단절된 자녀는 다른 사람과 단절되기 쉽다. 연합하기 어렵다. 부모와의 애착 정도는 이후에 만나게 될 대상과의 애착 정도를 예상할 수 있다는 것이 이미 연구 결과로 밝혀졌다. 하지만 부모와의 연합 실패로 애착을 경험하지 못하면 배우자 및 자녀와의 친밀감을 형성하기 어렵다. 안정적인 애착을 경험한 아이는 어머니와의 신체적 접촉보다는 탐색활동이나 또래 집단에 관심을 더 많이 갖는다. 떠날 준비는 바로 부모와 연합임을 보여 주는 것이다. 하지만 불안정한 애착의 유아는 부모에게 많이 매달려 있으려 한다고 밝혀졌다. 부모의 연합은 배우자와의 연합의 발판이다. 부모와의 관계는 인생을 힘 있게 살아가는 도약판이다. 건강한 결혼생활을 할 수 있는 토대가 된다. 부모에게 받은 사랑은 배우자와 자녀에게 표현된다. 즉, 연합도 대물림된다.

부모와 연합되지 못하고 사랑받지 못한 자녀에게 나타나는 중요한 문제가 있다. 그중 하나가 결혼을 포기하는 것이다. 건강한 연합을 하지 못한다. 부모의 불화를 지켜보거나, 심각한 갈등을 겪은 자녀는 결혼과 가정에 대한 부정적인 시각을 갖는다. 그래서 결혼을 하지 않겠다고 결심한다. 교회에 출석하는 이 시대 많은 청년들도 이런 생각을 갖고 있다. 가슴 아픈 일이 아닐 수 없다.

"교회에서의 부모님은 다른 사람에게 장로와 권사로서 모범을 보였어요. 이상하게도 저희 집은 늘 불안하고 긴장감이 돌았어요. 아버지는 가부장적인 태도로 우리를 억눌렀고, 어머니는 항상 우울하고 무기력해서 우리를 잘 돌봐 주지 않았어요. 어릴 때 많이 생각했어요. 왜 우리 부모님은 교회에서랑은 다르게 집에 오면 원수처럼 대할까. 늘 냉기 속에서 우린 방치되었어요. 이럴 거면 왜 결혼을 했나? 심지어 나를 왜 낳았나하는 생각도 많이 했어요. 여동생은 그런 부모님이 보기 싫어 일찍 결혼해 집을 나갔어요. 그리고 지금 동생은 부모와 완전히 단절한 상태로 지냅니다. 저는 동생과 달리 결혼할 생각이 전혀 없습니다. 결혼으로 인해 불행한 삶을 사는 부모님을 봤기에 절대로 그런 불행의 소굴로 들어가고 싶지 않아요. 그런 가정도 싫고 나 같은 불행한 아이를 낳고 싶지도 않아요."

교회 찬양대에서 열심히 섬기고 있는 청년의 고백에 가슴이 아팠다. 부모님의 사랑을 받지 못하면 결혼관이 흔들린다. 상처받은 자녀는 부부로 연합하기 어렵다. 하지만 이런 한국 가정에도 희망은 있다. 앞으로 언급하겠지만 부부의 연합은 부모에게 받은 상처를 치유한다. 하나님은 부모와 연합을 경험하지 못한 자녀들에게도 행복한 결혼생활에 대한 희망을 갖고 계신다.

두 번째 문제는 세상을 향한 두려움이 크다. 부모에게 받은 상처의 영향력에 갇혀 지낸다. 자기 세계가 생긴다. 자기만의 견고한 틀을 만들고 그 고통을 안고 살아간다. 아니 그 상처에서 벗어나기 위해서 몸부림을 친다. 세상을 향해서 나아가기에는 상처의 고통이 너무 크다. 그런 부모는 자녀가 자신을 떠나려 하면 죄책감을 심어주어 자녀를 떠나지 못하게 다시 붙잡는다.

가부장 중심의 한국 가정은 자녀 사랑을 왜곡시켰다. 자녀를 자주 안아 주면 버릇이 없어져서 어른 상투 잡는다며 안아 주지 않았다. 애착 행동을 막았다. 친밀감은 없었고, 일방적인 훈계만 난무했다. 타인에게 손가락질 당하지 않게 양육하는 것을 좋은 훈육이라 여겼다. 훈육을 위해 자녀를 꾸짖고 혼냈다. 그러나 이보다는 사랑과 위로의 연합이 필요했다. 그런데 실수를 하거나 버릇없는 행동을 하면 비난하고 야단치는 데 집중했다. 격려하고 칭찬하며 따뜻한 사랑의 말을 절제했다. 당근은 전혀 주지 않고 채찍만 가했다. 버릇이 나빠질 것을 걱정했지 자녀 마음에 다가가는 것은 막았다. 그렇게 우리 가정의 담장 안에는 사랑 표현이 없이 고통을 받았다.

30대 딸을 둔 60대 아버지 희수씨가 상담을 요청했다. 결혼해서 외손녀를 낳은 딸 성주씨의 행동을 이해할 수 없다며 화가 잔뜩 나 있었다. 아버지는 외동딸을 애지중지 길렀다고 한다. 자수성가한 사업가로 딸이 결혼할 때 강남의 평수 넓은 아파트도 사주었다. 그런데 최근 딸이 아버지를 집에 오지 못하게 막았다. 아버지는 딸의 행동을 도저히 이해할 수 없었다. 자신은 딸을 무척이나 사랑했고, 교육에도 지원을 아끼지 않았기에 딸의 이 같은 행동을 이해할 수 없었다. 서운함을 넘어 괘씸하기까지 했다. 하지만 딸의 태도는 완강했다. 나는 아버지와 딸을 함께 상담했다. 개인 및 부녀 상담을 진행하면서 딸이 아버지로부터 받은 깊은 상처가 점차 수면 위로 드러났다.

가부장 중심의 가정에서 장남으로 자란 희수씨는 가난을 스스로의 힘으로 극복해야 했다. 누구보다 성실하게 일했고, 사업은 성공을 거뒀다. 외동딸이 남들에게 손가락질 당하지 않게 잘 자라기를 원했다. 반듯하게 자라길 바라는 마음에 어린 딸이 실수하면 큰 소리로 야단을 쳤다. 사소한 실수로 딸이 다른 사람에게 미움을 받을까 두려워서 딸이 실수하는 것에 대해 더 엄하게 교육했다. 그러다 보니 늘 훈계와 잔소리를 입에 달고 살았다. 대학에 진학한 딸은 점차 사회생활이 힘들었다. 발표 시간이나 자신의 의견을 내야 할 때 다른 사람이 자신을 비난할까 두려워서 목소리가 떨리고 불안했다. 아버지는 남들 앞에 손가락질 당하지 않게 가르쳤는데, 오히려 성주씨는 남들 앞에 서는 것 자체를 힘들어 했다. 그런 그녀에게 사랑하는 남자가 생겼고 연애를 했다. 사랑받음으로 인해 상처가 치유되는 듯했다. 결혼을 했고, 성주씨는 딸을 낳았다. 그런데 그때부터 아버지에 대한 분노가 다시 올라오기 시작했다. 결국 아버지를 자신의 집에 오지 못하게 했다. 상담 중 성주씨가 말했다.

"전 아버지에 대한 상처와 분노가 사라진 줄 알았어요. 딸을 낳고 보니 딸이 너무 사랑스러웠어요. 눈에 넣어도 아프지 않을 만큼 사랑스러웠어요. 그런데 아빠는 그런 어린 나를 매일 야단 치고, 화를 냈는지 이해가 되지 않았어요. 다른 사람들 앞에서는 친절하고 예의를 갖추라고 강요하면서 정작 아버지는 너무나 모질게 저를 몰아세웠다는 생각에 화가 났어요. 저는 사실 남들에게 비난을 받은 것보다 아버지로부터 받은 비난이 수십, 아니 수백 배 많았어요. 내가 받은 상처를 어린 딸이 하나도 겪지 않게 하고 싶었어요. 그래서 아빠를 우리 집에 오지 못하게 막았어요. 아빠가 제 딸을 저처럼 자신 없는 사람으로 만들어 버릴까봐 두려웠어요."

아버지는 성주씨의 이런 말이 이해되지 않았다. 자신은 딸을 단한 번도 미워한 적이 없으며, 오히려 늘 자신 있게 살게 하려고 가르쳤기 때문이다. 그런 자신의 마음을 몰라주는 딸이 미웠다. 상담 중에도 아버지는 올라오는 분노로 힘들어 했다. 분명 아버지는 딸을 사랑했고 누구보다도 아꼈다. 그리고 외손녀에 대한 사랑도 깊었다. 하지만 아버지는 사랑을 표현하는 제대로 된 방법을 몰랐다. 왜곡된 방식으로 접근했다. 가부장적인 가정에서 자라 체면을 중시하던 희수씨는 부녀 사이에 무슨 일이 일어났는지 전혀 인지하지 못했다. 상담 과정에서 아버지에게 말했다.

"전 희수씨가 외동딸인 성주씨를 사랑하지 않았다고 생각하지 않습니다. 그 누구보다 딸을 소중하게 생각하고 있음을 압니다. 그런데 과거 우리는 가족에 대한 사랑을 표현하는 데 서툴렀고, 심지어 사랑을 반대로 표현하기도 했습니다. 우린 정말 몰랐습니다. 가정은 밖에서 자녀가 손가락질 당하지 않게 키우는 곳이 아닙니다. 가정은 다른 사람에게 손가락질 당하기 전에 부모가 먼저 손가락질을 하는 곳도 아닙니다. 가정은 오히려 밖에서 손가락질 당한 아이를 품어 주는 곳이어야 됩니다. 우린 오랜 시간 이러한 사실을 몰랐습니다. 사랑하기 때문에 사랑이 아닌 비난을 하면서 자녀에게 상처를 주었습니다."

상담을 하다보면 타인보다 부모로부터 상처를 받은 경우가 많다. 체면이 중요했던 아버지들은 밖에서는 그 누구보다 친절하지만 집안에서는 폭군이 되곤 했다. 사랑이 없어서가 아니었다. 사랑을 표현하는 방법을 몰랐기에 왜곡됐다. 그날 상담 중에 아버지는 자신의 행동이 딸에게 상처가 되었다는 사실을 알게 되었다. 자신의 강압적인 표현이 딸을 위축시켰다는 것을 알았다. 다행히도 희수씨는 자신의 잘못을 인정하고 딸이 자신을 거부했던 행동을 이해했다. 그리고 눈물로 딸에게 다가갔다. 오랫동안 자신의 무지가 딸에게 주었던 상처를 진심으로 사과했다. 그리고 성주씨의 상처는 점차 아물었다. 상처를 준 부모가 상처를 받은 자녀에게 다가가면 그 아픔은 치료된다.

이제 자녀와 연합해야 할 차례다. 부모와 정서적으로 연합된 가정에서 자란 아동은 최적의 경로를 따라 산다. 하지만 안정적인 연합을 경험하지 못한 아동은 최적의 경로를 이탈한 발달과정을 밟는다. 애착 이론(attachment theory)을 세운 존 보울비는 애착(연합)이 요람에서 무덤까지 전 생애를 통하여 작동한다고 했다. 지금 부모와의 연합은 자녀 인생의 가장 확실한 보험이 될 것이다.

하나, 부모의 역할은 탄탄하게 연합된 부부로 사는 것이다.

부모는 자녀가 결혼하여 떠날 수 있게 해 주어야 한다. 그것을 위해서 두 가지를 알아야 한다. 건강한 부부가 되고 난 후 부모가 되는 것이다. 부모 역할은 부부의 연합으로 가능하다. 부모 역할을 하려고 부부 관계를 포기해서는 절대 안 된다. 연합된 부부가 살지 않는 가정은 큰 고통이 따른다. 한마음으로 자녀를 양육할 수 없기에 자녀 양육의 건강함이 없음은 물론이거니와 자녀의 문제를 서로에게 탓을 돌리며 싸운다. 양육이라는 허울뿐인 말로 배우자에 대한 불만과 갈등을 쏟아 낸다. 이러한 가정의 자녀는 가정이 붕괴될지 모른다는 불안과 두려움을 안고 산다. 부모 역할을 하며 겪는 어려움을 부부가 서로 풀어 주어야 한다. 가정의 중심은 부부임을 명심하라. 남편과 아내로서 건강하게 연합된 부부는 그 자체가 훌륭한 부모가 되는 최상의 조건을 갖춘 것이다. 진정한 부부로 살지 못하는 부부의 자녀는 결혼을 해도 떠나기 어렵다. 부모보다 부부가 먼저다.

둘, 자녀가 결혼하기 전까지 충분히 사랑해 주라. 자녀 양육의 문제로 서로를 향해 비난의 화살을 돌리는 부부의 모습만큼 자녀에게 상처가 되는 것은 없다. 이렇게 자란 자녀는 건강한 가정을 이룰 수 없다. 부부의 롤모델을 보지 못했기 때문이다. 결혼 전까지 자녀는 부모와 잘 연합되어 있어야 한다. 부모가 부부로 행복하게 살아가는 모습을 보고 자라며, 부모의 사랑을 충분히 받은 자녀는 배우자와 쉽게 연합할 수 있다. 부모가 부부로 연합된 모습을 보여 주면 그 모습이 자녀의 결혼생활 모델이 될 것이다. 이는 자연스럽게 배우자와 연합할 수 있게 만든다. 부모의 사랑은 자녀가 결혼생활을 안정적으로 할 수 있는 도약판이고 원형이다. 부모가 보여 주는 부부로서의 삶은 세대를 통해서 전수될 것이다. 부모가 부부로 연합되어 자녀를 사랑하는 것은 자녀의 미래 결혼생활의 가장 큰 보험이 된다. 현재 부모의 부부로 사는 모습이 추후 자녀의 결혼생활을 결정지음을 잊지 말자.

▶▷ 실천하기

- 가정의 중심은 자녀가 아닌 부부다. 자녀에게 부부로 연합된 모습을 보여 준다. 갈등을 해결하기 위한 부부 회복 프로그램에 참석한다.
- 자녀 앞에서 남편(아내)을 인정하고 세워 준다. 또한 사위와 며느리를 격려하고 세워 준다.

▶▷ 기도하기

"하나님, 나의 남편(아내)이 하나님께서 맺어 주신 배우자임을 인정하며 고백합니다. 저희 부부가 하나님 안에서 안정된 부부로 설 수 있길 기도합니다. 하나님이 주신 가정을 소중히 여기게 하소서."

당신을 내 편으로 만드는 2단계

Step 2

결혼 생활에도 우선순위가 필요하다

서로 맞춰가는 우선순위 매기기

Question “소장님, 남편은 절대 바뀌지 않을 거예요.”

정말 남편의 태도에 질렸어요. 부부 회복 관련 방송도 책도 보지 않아요. 전 어떻게든 잘 지내보려고 여러 가지를 찾아보고 노력해요. 그런데 아무런 노력도 하지 않는 남편을 보고 있으면 절망감이 들 뿐이에요. 제 결혼생활은 어떻게 해야 하는 걸까요?

결혼은 우선순위를 바꾸는 것
- 우선순위가 회복되면 후순위를 사랑하기 쉬워진다

남편 재석씨와 아내 연재씨는 상대방은 절대로 변할 수 없는 사람이라고 잔뜩 화가 난 얼굴로 상담에 임했다. 남편은 아내가 경제관념도 없고 미래에 대한 계획도 없이 자기 기분대로 살아가는 사람이라는 생각에 자포자기 심정이다. 맨날 화만 내는 아내가 이제 지긋지긋하다는 것이다. 아내 또한 남편을 변화시키기 위해서 많은 노력을 했지만 요지부동인 남편의 태도에 질렸다고 한다. 공부하라고 책을 사다 줘도 읽지 않고 부부 회복 관련 방송을 함께 보자고 해도 반응이 없음에 답답증을 느꼈다. 자신은 책도 보고 육아와 행복에 대한 여러 프로그램을 찾아보면서 배우는데 남편은 아예 무관심하다고 말했다. 변화가 없는 배우자에게 두 사람 모두 지쳤고 절망감을 드러냈다. 부부는 서로 상대방이 바뀌지 않으면 안 된다고 맞서고 있다. 남편은 부모님 세대처럼 아내가 남편을 하늘처럼은 받들지 못하더라도 비난하지 말고 그냥 내버려 두면 좋겠다고 했다. 그리고 조선시대로 돌아갔으면 좋겠다는 말을 했다. 아내는 나이가 40대 초반인 남편이 구시대적인 생각으로 살아가는 모습이 답답하기 만하다.

자녀가 건강하게 성장하는 모습을 보는 것만큼 커다란 부모의 기쁨은 없다. 자녀가 변화를 멈추고 성장하지 않는다면, 그것을 바라보는 부모에겐 큰 부담이 되고 근심이 아닐 수 없다. 그렇게 자녀는 시간의 흐름에 따라서 성장하고 변해야 한다. 자녀의 성장과 변화에 가장 많은 영향력을 끼치는 사람이 바로 부모다. 결혼 전에는 부모가 가장 소중한 사람이라는 사실을 부정하는 사람은 없을 것이다. 자녀는 부모와 함께 있으면서 변화하고 성장한다. 자녀가 아파하고 힘들어 할 때 부모의 지지와 격려는 자녀를 일으켜 세워 줄 수 있는 힘이 된다. 소중한 사람이 비난하지 않고 위로하는 가운데 우리는 힘을 얻어 세상과 맞설 수 있는 용기가 생겨난다. 결국 '누구로부터'의 성장이 아니라 '누구와 함께' 성장하는 것이다. 여기서 '누구'란 그 당시 가장 소중한 사람을 말한다. 우선순위인 사람이 여기에 해당된다.

그렇다면 가정에서는 무엇이 가장 우선순위일까? 바로 부부다. 부부가 연합하고 있을 때 부모와 자녀 관계가 안정을 찾는다. 가정에서 가장 소중한 관계가 부부여야 한다고 전문가들은 주장한다.

물론 배우자를 다그치거나 변화하라고 지적하기보다는 '부부가 함께' 성장해 가야 한다. 위에 언급된 부부는 배우자를 변화시키기 위해서 서로의 단점과 부족한 부분을 늘어놓고 있다. 이것으로는 성장과 변화가 어렵다는 사실을 이해해야 한다.

우선 부부의 중요성을 제대로 알고, 부부 관계가 작동하는 원리를 살펴 볼 필요가 있다. 지금 한국 가정은 대가족에서 핵가족으로 이동 중이다. 유교적 전통을 따르던 대가족과 핵가족의 가치관과 운영 방식은 달라야 한다. 효도하는 방식도 다르고 자녀 양육 방식, 부부가 서로 사랑하는 방식에도 변화가 필요하다. 대가족의 우선순위는 윗사람이었다. 많은 세대가 함께 같은 공간에서 살려면 위계질서가 필요했고, 이것이 가정을 안정화시키는 역할을 했다. 그렇기 때문에 대가족 제도에서는 부모가 위계질서의 가장 위에 있었다. 자연스럽게 부부 관계는 뒤처질 수밖에 없었고 이를 당연하게 여겼다.

"저는요! 남편 사랑은 받지 못했지만 시어머니의 사랑으로 버틸 수 있었어요!" 이처럼 부부 간 소원해도 견딜 수 있었던 것이 우리 부모님 세대였다. 부모님을 봉양하는 자랑으로 힘을 낼 수 있었다. 심지어 불효가 이혼의 가장 큰 사유가 됐다. 부부 사랑이 없다고 이혼을 생각하는 경우는 극히 적었다.

현재 한국 사회는 핵가족 시대다. 핵가족이란 부부를 중심으로 재편된 가정을 말한다. 핵가족에서 위계질서의 최상위는 '부부'다.

핵가족 문제의 대부분은 '부부 관계'의 갈등에서 시작된다고 해도 과언이 아니다. 부부 갈등은 효도를 어렵게 만들고, 자녀 양육에 큰 영향을 미친다. 과거 가정에서는 부부간의 갈등이 있어도 명절을 지낼 수 있었던 반면, 현대의 가정은 부부 갈등이 있으면 명절을 가족과 함께 보내기 어렵다. 이전에는 아들과 딸이 효도했다면 지금은 부부가 연합해서 효도해야 한다. 고부갈등으로 불화를 겪던 부부가 부부치료를 통해 회복하고 이렇게 말했다. "남편과 사이가 좋아지고 난 후 시어머니에게 잘할 수 있는 여유가 생겼어요!"

과거 시어머니의 관심과 사랑이 소원했던 부부 관계를 보상해 주었다면, 현대는 부부의 사랑이 고부갈등을 극복할 수 있는 힘을 제공한다. 이렇듯 대가족에서 핵가족으로의 이동은 한국 가정에 엄청난 변화를 초래했다. 그런데 아쉽게도 이러한 사실이 간과되고 있다. 대가족의 사고를 핵가족에 적용한다면, 심각한 문제가 생기는 것이 당연하다. 가정의 우선순위가 부부인 가정이 부모 혹은 자녀 우선 가정보다 더 많은 행복을 느낀다는 연구결과는 이를 뒷받침해 준다. 즉 부부 관계가 가정의 핵심이고 행복한 가정의 밑바탕이 된다는 것이다. 부부가 살아야 가정이 산다! 가정을 원심 분리기로 돌리면 끝에 남는 것이 부부라는 사실을 기억해야 한다. 한 가정은 부부가 결혼하면서 시작되고 부부가 사라지면서 끝난다. 최근 문제로 대두되고 있는 '황혼이혼' 및 '빈둥지증후군' 역시 부부 중심의 가정이 실종되어 발생한 것이다. 그래서 부부 관계를 회복하기 위한 노력을 게을리하면 안 된다.

결혼의 우선순위

창세기 2장 24절 말씀을 보자. "부모를 떠나 배우자와 연합하라." 결혼 전 부모와 건강하게 연합되었던 자녀는 결혼을 통해 배우자와 연합을 이룬다. 다시 말해 결혼은 우선순위를 옮기는 과정이다. 우선순위가 제대로 서 있지 않을 때 인간은 고통을 겪는다. 어린 시절의 우선순위인 부모의 사랑을 온전히 받지 못하거나, 결혼 이후 부부가 우선이 되지 않으면 삶의 혼란을 겪는다. 그렇기 때문에 하나님은 우선순위를 강조하셨다. 먼저 인간은 하나님과의 관계가 바로 서야 한다. "여호와는 내 편이시라 내가 두려워하지 아니하리니 사람이 내게 어찌할까"(시 118:6). 영적으로 하나님과 관계를 회복하면 후순위인 인간관계의 괴로움은 자연스레 견딜 수 있다.

하나님은 인간관계에서도 우선순위가 있음을 알려 주셨다. "부모를 떠나 아내와 연합하라." 결혼 전에는 부모의 영향력 밑에서 사랑을 받으며 자라다가 결혼하면 부부 중심으로 삶을 바라보라는 것이다. 건강한 기독교 가정은 부모의 사랑을 받은 자녀가 결혼을 통해 온전한 부부의 연합을 이루는 것이다. 부부가 연합하여 자녀를 사랑하고, 그 사랑을 받은 자녀는 부모를 떠나서 다시 자기 배우자와 부부로 연합한다. 좋은 가문은 부모가 먼저 부부가 되어 건강하게 연합하여 자녀를 사랑하는 가정이다.

그런데 과거 유교적인 가정은 결혼 전에 떨어져 살았던 자녀도 결혼하면 부모에게 와서 효도를 해야 한다는 도리를 강조한다. 즉, 결혼하면서 오히려 더 부모와 연합했다. 너무 당황스럽지 않은가! 부모를 떠나야 하는 시점에서 오히려 부모와의 연합이라니.

성경적으로 이것은 심히 문제 있는 부부생활이다. 여기에 더해 유교적인 가정에는 남녀차별이 극심했다. 아내로서 사랑받지 못한 며느리의 '한'(恨)이 컸다. 가부장적인 유교에서는 부부의 존재를 부인했다. 부부는 유별(有別)하여 부부가 친밀하면 안 된다. 하지만 하나님의 계획은 달랐다. 하나님이 직접 만들어 세운 소중한 관계가 바로 부부다. 외롭게 일하고 있는 남자에게 돕는 배필로 세운 것이 아내다. 자녀와 부모를 세우기 전에 먼저 부부를 세우는 것이 성경적 원리다. 부부가 사랑으로 연합하는 것이 부모를 지지하고 자녀를 양육하는 데 필수적이기 때문이다. 부부가 가정의 근본이었다. 다시 말해 가정의 출발이 부부라는 의미다. 여러 차례 강조해도 부족함이 없다. 가정의 핵심이 부부다. 이렇게 하나님은 우선순위를 분명하게 설정하셨다.

가족의 연합과 이웃 사랑

"네 이웃을 네 자신 같이 사랑하라"(마 22:39). 이 말씀을 묵상하면서 가정의 소중함을 더욱 깊게 알게 되었다. 이웃을 사랑하려면 우선 자신을 사랑해야 한다. 자신을 사랑하는 만큼 이웃을 사랑할 수 있다. 스스로를 사랑하지 않는 사람은 다른 사람을 사랑할 수 없다. 자신을 가치 없게 여기는 사람은 이웃을 가치 있게 대하기 어렵다. 자신이 미천하고 나약해 보이는데 어떻게 이웃을 사랑할 수 있겠는가? 그러므로 이웃을 사랑하기 위해서 먼저 자신을 사랑하고 가족을 사랑하는 방법을 배워야 한다.

부모의 사랑을 충분히 받은 아이는 자연스럽게 자신을 사랑한다. 이런 아이는 흔히 말하는 자존감이 높다. 남편과 아내가 자신을 가치 있게 느끼고 사랑한다면 이웃 사랑이 쉬워 진다. 반대로 부부 갈등이 있을 경우 부부와 자녀는 우울하고 자존감이 낮다. 지극히 당연한 일이다. 그렇기 때문에 가정의 우선순위의 회복이 중요하다.

부모의 사랑을 받지 않은 첫째 아이에게 동생을 사랑하라고 강요하는 것은 모순이다. 불가능할 수밖에 없는 요구인 것이다. 과거 한국 가정은 사랑을 표현하는 일이 서툴렀다. 안아 주고, 이해해 주는 일이 드물었다. 이는 성경과는 다른 가정교육이다.

가정 회복 상담 사역자인 나는 한국 사회를 치유하는 가장 쉬운 방법으로 '가족 사랑의 회복'을 이야기한다. 우리 가족들은 사랑하는 법을 배워야 한다. 가족 사랑이 회복되면 범죄가 줄어들 것이며 이웃을 사랑하는 일은 쉬워질 것이다. 가정에서의 갈등과 상처의 부작용은 사회로 고스란히 이어진다. 무너진 가정으로부터 오는 문제를 함께 감당하는 것은 쉽지 않다. 그러나 가정에서 사랑을 회복하면, 이웃을 자신처럼 사랑할 수 있다. 이제 가정 안의 사랑을 담장 밖의 사회로 흘려 보내야 한다. 먼저 부부가 연합하여 부모를 섬기고 자녀에게 사랑을 주어야 그 파문이 사회로 전달될 것이다.

고부/장서 갈등 해결은 부부 연합에 있다

Question "시댁 문제로 이혼한다는 건 드라마에나 나오는 일인 줄 알았어요."

> 남편과 시댁 가족들은 저를 하인으로 생각하는 것 같아요. 제 생활도 공간도 없어요. 시도때도 없이 현관 비밀번호를 누르고 집에 찾아오세요. 살림 방법, 음식, 자녀 양육까지 간섭하지 않는 게 없어요. 그러고는 같이 교회 나가자고 하는 시부모님을 이해하기 어려워요. 더 밉고 화가 나는 건 남편이에요. 제 마음을 이해하고 달래기는커녕 도리만 강조해요. 이제 며느리 노릇, 아내 노릇 다 그만두고 제 삶을 찾고 싶어요.

많은 부부가 배우자의 가족과 갈등을 겪는다. 특히 아내와 시댁의 갈등은 지금도 심각하다. 최근에는 장서, 즉 장모와 사위의 갈등이 늘고 있지만, 고부갈등은 여전히 많다. 일주일에 한번 식사를 하고, 매일 안부 전화를 하라고 가르치는 시어머니가 있다. 자녀에게 경제적인 지원을 하면서 그것을 미끼로 자녀의 결혼생활을 통제하는 부모들도 많다. "너희들이 조금만 우리에게 잘하면, 이 재산이 누구에게 가겠어? 현명하게 처신해라."

결혼한 자녀에게 우선순위를 내어 주지 않는 부모가 많다. 신앙이 있는 분들도 성경의 '떠나보내라'는 말을 천륜을 저버린다고 생각하기도 한다. 자녀의 결혼생활을 간섭하고, 또 간섭한다. 권사인 시어머니가 상담 중에 "내가 왜 아들 집에 내 마음대로 못 가나요?" 라면서 비밀번호까지 알고 시도 때도 없이 방문한다. 음식, 양육, 전화, 방문 등을 정해 주고 따르기를 강요한다. 이러한 시부모의 간섭 때문에 아들과 며느리는 다투게 된다. 효도라는 도리에 갇혀서 부부의 삶이 무너진 젊은 부부가 많다. 이로 인해 많은 가정이 아프다.

절정에 이르러 더 이상 견디지 못한 며느리가 이혼을 요구하면 시부모는 천륜을 강조하며 며느리를 비난한다. 심지어 이혼 이후에도 유교적인 천륜을 내세우는 가정이 기독교 가정에도 허다하다. 아들 부부의 연합을 막고 있는 부모가 적지 않다. 강한 부모 아래의 아들은 눈치만 볼 뿐이다. 아내는 전혀 자신의 편이 되지 못하는 남편에게 화가 나고 실망한다. 효도를 강조했던 과거 한국 가정의 모델로는 고부갈등을 해결할 수 없다.

"시어머니는 저보고 친정에 가서는 일하지 말라고 해요. 나를 시댁의 노동력이라 생각하는 것 같아요. 시어머니는 내가 오직 며느리 역할만 하며 살기를 바라세요. 아파서 시댁을 가면 건강관리 잘 못했다고 타박해요. 제 걱정은 손톱만큼도 없고 일 못한다고 화를 내요. 그렇다고 남편이 이런 나를 전혀 이해해 주지 않아요. 늘 시부모 편에서 판단만 하고 있어요."

자녀의 가정이 깨어질 수 있는데도 시부모는 심각성을 모르는 듯하다. 며느리 역할을 하지 않은 것만 문제꺼리로 보인다. 이런 상황에 처한 아내의 마음을 이해할 수 있는 상담이 있다.

"남편이 제 마음을 받아주지 않고 시댁에서 해야 할 도리만 강조해요. 일은 많은데 감정을 전혀 이해해 주지 않으니까 시댁에만 가면 저는 하인이 된 기분이에요. 시부모와 남편에 대한 분노가 점점 커져요. 전 시댁에서 일하는 기계에 불과해요. 시댁에서의 저는 인간으로 살고 있다는 느낌이 없어요. 그 집의 부속물이 된 것만 같아요. 그래서 남편과의 이혼을 결심했고, 말했어요. 그런데 남편은 시부모 눈치만 보고, 사태의 심각성을 몰라요. 정말 심각하게 소송까지 불사하려는데 시어머니는 여전히 며느리의 도리만 강조하고 있어요."

이들 부부는 해결의 방법을 전혀 알지 못했다. 이들은 상담을 통해서 부부가 가정의 중심이 되는 것이 불효가 아니라는 사실을 알아 갔다. 그리고 부부가 서로 연합할 때 가정이 안정될 수 있다는 사실을 배워갔다. 워낙 강한 가부장적인 사고를 가진 남편의 변화는 더뎠다. 부부가 연합될 때 부모님께 더 잘할 수 있다는 사실을 받아들이는 데 시간이 걸렸다.

고부갈등의 해결 열쇠는 부부에게 달려 있다. 연합을 이룰 때 이 문제는 쉽게 해결된다. 한국 가정의 뿌리 깊은 고부갈등과 장서갈등을 하나님의 말씀으로 풀어야 한다. 부부의 연합과 가정 내 우선순위의 재설정으로 이 문제를 해결해 보자. 남편이 아내의 스트레스를 알고 위로할 때 회복이 시작된다. 남자가 아내와 연합하면 해결이 쉬워진다. 부부가 연합하면 양가 부모에게 잘해 줄 수 있는 힘이 생긴다. 연합된 부분의 관점으로 부모를 볼 때 문제가 해결되고 가정의 회복을 경험하게 된다.

고부갈등의 해결책

젊은 부부가 고부갈등으로 고통을 겪다 상담을 요청했다. 시댁에 전화를 하지 않는다고 시어머니에게 야단맞았다는 아내의 말을 듣던 남편이 화를 냈다. "엄마가 원하는 건 그냥 전화 한 통이잖아. 그것도 못해? 그럴 거면 이혼해야지!"

시어머니에게 야단을 맞고 울고 있을 때 퇴근한 남편은 항상 다음과 같이 반응했다. "어머니와 힘든 것을 왜 나에게 말을 해? 둘이 알아서 해결해. 짜증나! 이제 엄마도 싫고 당신도 싫어. 지긋지긋해!"

상담이 진행되면서 남편은 자신의 잘못을 받아들이고 아내에게 어떻게 말하고 행동해야 할지를 배웠다. 어느 날 아내가 음식을 만들어 가까이 사는 시어머니에게 갖다 드린다고 전화를 드렸다. 그러자 시어머니는 "네가 만든 음식은 맛이 없어서 못 먹겠더라. 그런 음식을 먹는 내 아들 건강이 걱정이다. 가져오지 마"라고 말했다. 속상하고 화가 난 아내는 퇴근한 남편에게 이야기를 쏟아냈다. 이전 같으면 남편이 다음과 같이 말했을 것이다. "왜 또 쓸데없는 짓을 해서 엄마 화나게 했어. 나까지 곤란하게 됐잖아."

하지만 상담을 받은 남편의 태도가 바뀌었다. 아내의 마음에 다가가서 다음과 같이 말했다. "당신 속상하지? 속상했겠다. 엄마는 대체 왜 그런데. 고맙다고 받아주지. 당신한테 너무 야박해. 가져와. 당신이 만든 음식이 나는 맛있어. 내가 먹을게. 맛있게 같이 먹자."

상담 중 아내는 그 순간을 떠올리면 울먹였다. "시어머니에게 야단맞고 남편까지 제게 화를 냈을 때는 시어머니에 대한 분노가 3-4개월 지속되었어요. 그런데 이번에 시어머니가 화를 냈지만 남편이 내 마음을 받아주니 시어머니에 대한 화가 그날 밤 사라졌어요. 정말 눈물이 쏙, 답답하던 마음이 쑥 내려갔어요. 최근에 불안하고 잠을 잘 못 잤는데 그날 밤은 잠도 편안하게 잤어요. 남편의 태도가 시어머니에 대한 마음의 여유를 만들어 주었어요."

상담 중에 남편도 말했다. "처음에 소장님이 아내의 마음을 알아주고 이 사람과 가까워지면 고부갈등이 해결될 수 있다고 말했을 때는 믿을 수 없었어요. 내가 불효를 저지르는 느낌마저 들었어요. 아내가 조금만 참고 견디면 될 거라고 생각했어요. 사실 도리만 강조할 때는 늘 마음 한켠이 무거웠어요. 하지만 이번에 아내와 먼저 대화하는 것을 배우고 아내 마음에 다가가니 제 마음도 편하고 행복해요. 부모님은 변하지 않았지만 아내하고 저는 더 가까워진 느낌이 들고 제 마음도 편안해요."

부모가 배우자에게 받아야 할 관심과 배려를 아들과 며느리에게 요구할 때 고부갈등은 심해진다. 부모는 부부로서 연합되어 서로를 위로하는 방법을 배워야 한다. 그때 자녀를 떠나보내고 두 사람의 아름다운 황혼을 기대할 수 있다. 부부가 친밀해지면 자녀의 가정도 친밀하고 연합될 수 있다.

하나님께서는 인류 최조의 가정인 아담과 하와의 가정을 안정시킬 계획을 가지고 계셨다. 고부갈등은 부부가 연합하지 못한 부작용이다. 우선순위를 바로 세우지 못한 결과다. 다시 한 번 부부의 연합이 부모를 미워하라는 말이 아니라 사랑할 수 있는 밑거름이 된다는 사실을 잊지 말자.

부모가 자녀의 떠남을 도우라

부모는 자녀의 떠남을 도와야 한다. 결혼한 자녀가 부부로서 연합될 때까지 기다려야 한다. 기다리면 자녀는 돌아온다. 연합이 주는 안정감이 주변을 살필 힘을 주기 때문이다. 자녀에게 준 사랑이 자녀 부부가 연합할 수 있는 자양분이 될 것이다. 자녀가 부모를 떠나가는 것이 불효가 아님을 가르쳐야 한다. 자녀에게 떠남과 부부로 연합하여 행복한 삶을 사는 방법을 알려 주어야 한다. 기다려 줄 때 연합된 자녀가 부모에게 효도할 수 있다. 우선순위를 자녀의 부부관계에 넘겨주는 부모가 되자. 경제권, 천륜, 도리, 며느리 교육을 빌미로 자녀의 발목을 잡는 부모가 되지 말자. 하나님이 말씀하신 부부의 연합을 부모가 먼저 알고 실천해야 한다. 시작이 보이지 않는 뿌리 깊은 고부갈등을 하나님의 말씀을 통해 이겨야 한다.

우선순위를 경험하지 못한 사람은 우선순위 설정에 문제가 생긴다

부모의 사랑을 경험하지 못한 자녀는 진정한 사랑을 구별하는 데 어려움을 겪을 수 있다. 부모 사랑은 자녀의 삶을 기름지게 할 유산이고 사랑의 표본이다. 부모의 사랑을 받은 자녀들은 친구와 쉽게 싸우지 않는다. 부정적인 자극을 견뎌낼 힘이 있다. 마음에 자리 잡은 그 사랑이 친구의 부정적인 자극에 즉각적으로 반응하지 않게 만든다. 하지만 부모에게 상처가 있거나 버림받은 아이는 주변의 사소한 자극과 무시에도 쉽게 반발한다. 자극을 견딜 인내심이 부족하기 때문이다. 가뜩이나 낮은 자존감이 좋지 않은 자극에 맞서기에는 힘이 부친다. 그래서 부모에게 받은 상처가 많으면 많을수록 주변 사람들과의 싸움에 쉽게 말려든다. 친구를 수용할 내적 힘, 자기 사랑과 자존감이 부족하기 때문이다.

또한 부모와 애착을 경험하지 못한 자녀는 우선순위를 정하기 어렵다. 즉, 결정하는 데 장애를 겪는다. 힘들 때 달려가서 위로를 받을 대상을 경험하지 못한 아동은 성장해서도 혼자 삭히거나 아무에게나 애정을 갈구한다. 접촉을 통한 위로를 받을 소중한 사람과의 경험이 없기 때문에 사람을 신뢰하지 못한다. 인간에 대한 기본 신뢰가 약한 것이다. 애착을 경험하지 못한 사람은 관계에 있어 아예 무관심하거나 심하게 집착한다. 문을 닫고 관계를 회피하거나 너무 쉽게 마음을 준다. 달콤한 말에 쉽게 넘어가고 정을 주게 된다. 진정한 관계 형성은 시간을 두고 서서히 알아가는 과정을 통해서 가능하다. 안정적인 사랑의 경험이 없으면 그 시간을 견딜 인내심이 약하다. 그래서 부모의 사랑을 경험하지 못하면, 누군가의 달콤한 말에 아주 쉽게 넘어간다. '사랑한다'거나 '예쁘다'는 사탕발림에 혹한다. 어릴 때부터 사랑받고 싶었던 간절한 목마름이 그런 달콤한 말에 쉽게 목을 축이게 한다. 부모에게 받지 못한 사랑을 급히 채우려 한다.

"선생님, 저는 부모님의 야단만 맞고 자랐어요. 저는 늘 가치 없는 사람이라는 생각을 한 번도 떨쳐버린 적이 없었어요. 그런데 지금 남편이 저에게 다가와서 호감을 보였어요. 술도 많이 마시고 일정한 직업도 없었지만 남편만 만나면 내가 새롭게 태어나는 느낌이 들었어요. 남편의 말이 달콤한 유혹이었어요. 물론 나중에 남편이 바람기가 많고 아무 여자에게 다가가서 사랑한다는 말을 뱉는 사람이라는 사실을 알았어요. 그 사실을 알았을 때조차도 남편이 건네는 달콤한 말의 유혹을 떨쳐버릴 수 없었어요. 처음으로 나를 인정해 주는 남편의 말이 사실여부를 떠나서 듣기 좋았어요. 지금은 남편이 무책임하게도 돈을 벌지 않고, 외도를 자주 해서 힘이 들어요. 그때 판단을 한 제 자신이 너무 미워요. 저는 사랑을 경험하지 못할 것만 같고 저를 진심으로 사랑해 주는 사람을 만나지 못할 것만 같아요. 그 생각만 하면 부모님이 원망스러워요. 왜 그렇게 칭찬 없이 나를 야단만 쳤을까요? 지금도 부모님에 대해서 말하다보면 화가 치밀어 올라와요."

또 다른 상담 예도 있다.

"대학 들어가서 아르바이트를 하게 되었어요. 작은 가게 사장님이 '너를 내 딸처럼 생각하고 잘해 줄게'라고 말을 했는데 너무 감사했어요. 그분이 시키는 일은 발 벗고 나서서 했어요."

부모님께 늘 야단을 맞고 하는 행동마다 지적당해서 상처가 많은 시아씨는 대학에 진학하면서 시작한 아르바이트 사장으로부터 들은 딸처럼 대해 주겠다는 말이 너무 고마웠다. 당시 그녀는 부모에게 엄청나게 분노하고 있었다. 옆에서 보기에는 착취에 가까운 노동을 시키고 무시하고 함부로 대하는 사장에게 전혀 반발하지 않았다. 친구들이 옆에서 그런 맹목적인 시아씨의 태도를 말려도 그녀는 "나를 잘되게 하려고 일부러 그런다"며 사장을 무한 신뢰했다.

한참 지나서야 사장의 부당함을 알고 상처를 받고 그만두었다. 하지만 어릴 때부터 부모로부터 비난과 지적을 받은 시아씨는 가끔 자신이 부모의 진짜 딸이 맞나 하는 생각을 했다. 그래서 '네가 내 딸 같다'라는 사장의 말이 달콤했다. 상담을 통해 자신의 행동 이면에 있었던 상처를 치유하면서 시아씨는 점차 편안해졌다. 자녀가 엉뚱하고 잘못된 사람들의 유혹에 넘어가지 않게 하려면 부모는 자녀에게 제대로 된 사랑을 표현해야 한다.

부모 사랑, 유혹을 이기는 힘

부모와의 애착이 미래 애정관계를 결정하는 토대가 된다. 결혼 전에 자녀와 연합하여 사랑을 주어야 할 이유가 바로 여기에 있다. 어린 자녀는 스스로를 사랑스럽다고 느낄 수 없다. 부모의 사랑스런 시선이 자녀의 자아상을 사랑스럽게 조각한다. 이렇게 자란 아이는 긍정적인 자아상을 갖고 있어서 타인의 시선이나 말에 쉽게 흔들리지 않는다. 하지만 부모로부터 무시와 폭력을 당한 아이는 낯선 사람과 눈만 살짝 마주쳐도 그냥 지나치지 못하고 쉽게 멱살잡이를 한다. 무시나 부당한 대우를 받으면 따지고 응징한다. 정의롭지 못하다고 느끼면 담배꽁초나 휴지를 버리는 사람과도 큰 싸움을 한다.

또한 부모와 친밀감을 경험하지 못한 사람은 자신의 부정적인 자아상을 감추기 위해서 많은 에너지를 쓴다. 그래서 사람을 만나면 쉽게 피곤함과 공허함을 느낀다. 자신이 실수를 하지 않았는지 고민하거나 적절하게 대응하지 못한 것 같아 괴로워한다. 회사에서 이사직까지 올라간 한 40대 남편이 상담을 신청했다. 아내가 더 이상 못 살겠다고 선언했기 때문이다. 아내에게 감정을 배우고 오라는 말을 들은 남편이 연구소를 찾아왔다. 남편은 부모와 대화를 해 본 적이 없었다. 늘 혼자 생각하고 결정하는 것이 익숙했다. 그래서 직장에서 승진을 했지만 깊은 속마음은 늘 공허했고 쫓기며 살았기에 기쁨이 없었다. 상담을 하며 처음으로 남편은 감추었던 외로움과 두려움을 드러냈다.

"소장님, 저는 지금까지 홀로 공을 산 위로 밀어 올리면서 살아온 느낌이에요. 저는 늘 내 자신이 삼류이고 부족한 사람이라고 생각해요. 벼랑 끝에 서서 여기서 밀리면 끝이라고 생각하며 살았어요. 이런 제 마음을 표현할 사람이 한 명도 없었어요. 누구에게도 이런 고민을 말해 본 적이 없어요. 때로는 나의 부정적인 부분을 감추고 좋게 보이려고 거짓말도 했어요. 남들 눈치 보면서 그들에게 맞춰 주며 살았어요. 다른 사람이 나를 싫어할까봐 두렵고 나쁜 평판을 받는 것이 무서웠어요. 항상 좋은 사람이자 좋은 상사로 보이고 싶었어요. 하지만 내가 좋은 사람이 아님을 잘 알고 있기 때문에 그 모습을 들키지 않으려고 더 꽁꽁 나를 포장했어요. 부모님은 늘 나에게 '부족하다, 못 한다'라는 말로 비난했어요. 그래서 나의 이런 못난 부분이 드러날까 봐 두려웠어요. 그러면 다른 사람이 나를 떠나버릴 것만 같았어요. 속마음을 들키지 않으려고 표현하지 않았어요. 돈을 많이 벌고 회사에서 팀장을 맡으면서 자신감이 조금 생겼지만 아내는 여전히 저를 힘들어 했어요."

상담을 통하여 오랫동안 감추었던 두려움을 드러내고 자신의 감정을 표현하기 시작할 때 상처가 조금씩 치유됐다. 회복이 된 남편이 마지막 상담 시간에 말했다.

"처음 아내가 상담을 권유했을 때 부담스러웠어요. 소장님께 제 생각과 마음을 표현하기도 어려웠어요. 나를 어떻게 볼지 걱정이 되었어요. 무엇보다 나에 대해서 부정적인 생각을 가지게 될까 두려웠어요. 그런데 지금은 과거의 아픔과 내 감정, 생각을 표현하는 것이 잘못이 아니라는 사실을 알았어요. 상담 시간이 편하고 안전하게 느껴졌어요. 아니 표현을 하면서 오히려 치유되고 안정감을 느끼게 됐어요. 이제 아내에게도 나의 부족함을 표현하게 되었지요. 아내가 나를 부정적으로 볼까 두려워 회피했는데 이제 그럴 필요가 없어요. 아내의 어려움을 알게 됐어요. 요즘 아내가 나를 얼마나 사랑하는지 느껴져요. 부모님은 나를 비난하기만 했지만 아내는 나의 부족함을 끝까지 포기하지 않고 곁에 있어 주었어요. 나를 포기했으면 상담을 가라고 하지 않고 이혼을 했겠지요. 이제 아내에게 내 모든 약점을 표현할 수 있고, 덕분에 극복하게 되었어요."

사랑은 떠남과 연합이 가능하게 만든다

하나님은 소중한 부모와 떠나 배우자와 연합하라고 말씀하셨다.

이것이 사랑의 중요한 속성이다. 연합되면 쉽게 떠날 수 있다. 엄연히 말하면 연합되어야 그 힘으로 떠나 독립할 수 있다.

어린아이는 부모와 애착되어야 두려움 없이 유치원이나 학교에 갈 수 있다. 부모와의 연합이 '안전기지'(secure base)가 되기에 멀리 떠날 수 있다. 하지만 부모의 사랑을 확신할 수 없고 단절되었다고 느끼면, 부모를 떠나갈 수 없다. 혹시 유치원이나 학교에 갔을 때 부모가 자신을 떠나버리지 않을까하는 두려움이 부모 곁을 떠나지 못하고 매달리게 된다.

부부의 사랑 역시 마찬가지다. 종종 남자들은 혼자 있고 싶어 한다. 먼저 아내와의 연합이 필요하다. 연합이 되어야 아내는 남편이 혼자 있는 것을 인정한다. 부부가 먼저 연합이 되어야 혼자 있어도 외롭지 않기 때문이다. 혼자 있을 때도 연결감이 있으면 견딜 수 있다. 하지만 연합된 느낌이 없으면 떨어지는 것을 어려워한다. 연합된 부부는 역시 안전하게 떨어질 수 있다. 독립의 전제조건은 연합이다. 연합되면 남편은 직장을 향해서 떠나가고 아내는 남편 없이도 육아와 가사에 집중할 수 있다. 남편은 일에 집중하고, 아내는 남편과 연결감을 혼자 있을 때도 느낀다. 그래서 그 힘으로 가사와 육아를 감당한다. 연합이 되어야 홀로 지낼 수 있다.

연합되면 떠날 수 있는 힘이 생긴다

그런데 연합되지 못하고 갈등이 심한 부부는 어떠한가? 직장에 향하는 남편의 발걸음은 무겁다. 일에 집중하기 어려워 생산력이 떨어진다. 아내는 남편을 직장에 보내고 가사에 집중하기 어렵다. 화가 나고 남편의 얼굴이 떠오른다. 가사와 육아에 능률이 떨어지고 외로움이 밀려와 우울해지고 육아를 하다가도 화가 치밀어 오른다. 상담으로 부부가 다시 연합되면 대부분이 공통적으로 하는 말이 있다. 먼저 아내의 말이다.

"이제 남편이 늦어도 화가 덜 나요. 우리가 연합되지 못했던 이전에는 내가 싫어서 늦게 들어오나 하는 마음에 화가 났어요. 그런데 상담을 통해서 회복되고 보니 남편이 늦어도 이전처럼 화가 나지 않고 회사일로 바빠서 늦는다는 생각이 있어서 안쓰러워요. 육아와 가사를 하는 것이 이전처럼 힘들지 않아요. 힘들면 남편에게 말하면 되니까 남편이 늘 내 곁에 있다는 생각이 들어요."

남편들은 말한다. "퇴근 후 회사에서 힘들었던 일을 아내가 이해해 주고, 육아로 힘들어하는 아내 마음에 다가가면서 집에 오는 것이 가벼워요. 그리고 다음날 회사를 갈 때도 마음이 무겁지 않아요. 지금 아내와 친밀해지고 나서는 회사 가는 길이 가볍습니다. 일에 집중할 수 있으니 능률도 올랐어요."

하나님은 첫 부부 아담과 하와의 결혼 주례사로 "연합"을 말씀하셨다. 부부가 연합하면 결혼으로 생길 수 있는 수많은 문제를 해결할 수 있다. 연합하면 치유된다. 연합하면 그 힘으로 배우자의 단점은 회복될 수 있다.

▶▷ 생각 바꾸기

부부여 먼저 연합하라. 특히 남자여, 배우자인 아내와 연합하라. 그러면 아내는 남편을 인정하고 힘이 되어 줄 것이다. 남자가 아내와 연합하면 홀로 있고 싶어 하는 남자의 마음을 아내가 이해해 줄 것이다. 인간은 소중한 사람과 연합될 때 독립한다. 부모와 부부만큼 강력한 에너지를 공급해 주는 연합 대상은 드물다. 가정은 인간에게 가장 강력한 에너지 공급원이고 발전소다. 그래서 가정은 반드시 회복되어야 한다. 가정이 무너지면 인간은 무기력해지고 혼자 사는 느낌을 받게 된다.

▶▷ 실천하기

- 매일 일상에서 만나고 헤어질 때 "사랑한다"고 말하고 서로를 안아 준다.
- 일상생활 중 문자와 전화로 관심을 표현한다. 비난과 지적이 아닌 위로와 안부의 말을 전한다.

▶▷ 기도하기

"하나님이 짝 지어 주신 남편(아내)과 언제나 함께하겠습니다. 남편(아내)의 과거 상처를 이해하고 위로하겠습니다. 갈등이 실패가 아닌 연합의 과정임을 인지하고 하나님이 부르시는 그 날까지 가정을 지키게 하소서."

당신을 내 편으로 만드는 3단계

Step 3

남자가 아내와 연합하면 효과는 배가 된다

내 편을 향한 연합의 욕구

Question "소장님, 저는 부모님으로부터 사랑받은 적이 없어요. 그런데 이런 저도 남편과 연합할 수 있나요?"

어머니를 무시하고 폭력을 휘두르는 아버지를 둔 남편과 결혼했어요. 사실 제 친정도 그리 좋은 환경은 아니었어요. 엄마의 예민함을 혼자 감당할 아버지를 생각하면 마음이 편치 않아요. 심지어는 제가 아버지를 버리고 온 것 같은 기분이 들어요. 남편도 저도 부모님으로부터 사랑을 받아본 적도, 건강한 부모의 모습을 본 적도 없어요. 저희 잘 살 수 있을까요?

부모 사랑을 받지 못해도 부부로 연합하라

앞서 부모가 서로 부부로 연합되어 사랑하면, 자녀는 그것을 모델 삼아 자신의 배우자와 연합한다는 것을 이야기했다. 하지만 과거에는 부부가 연합하는 방법을 잘 몰랐다. 심지어 한국의 가부장적 가정은 부부가 연합하는 것을 금했다. 부부의 친밀감은 효도의 역행하며, 팔불출이라 여겼다. 성인 부부가 서로 의지하는 것은 성숙하지 못한 태도로 여겼다. 부모 역할을 하면서 생기는 갈등과 불안, 두려움은 오롯이 홀로 안고 가야 할 운명이었다. 그래서 가슴에 맺힌 한이 가득했다.

몇 년 전에 TV프로그램에 노부부가 나와서 자신에게 주어진 단어를 설명하고 상대 배우자가 맞추는 부분이 있었다. '천생연분'이라는 단어를 할머니가 할아버지에게 다음과 같이 설명했다. "당신하고 나 사이!"

그때 할아버지가 대답한다. "원수!"

당황한 할머니가 다시 말한다. "네 글자!"

할아버지가 대답한 말은 웃음과 함께 씁쓸함을 남긴다.

"평생 원수!"

평생 원수로 살아야 했던 한국 가정의 부부 자화상을 보는 것 같아서 웃고만 있을 수 없었다.

연합! 행복한 결혼생활의 열쇠

부모가 먼저 부부가 되어야 자녀는 그 모습을 기준으로 삼아 자신의 배우자와 연합할 수 있다. 그렇게 연합된 부부가 건강한 부모 역할을 수행 할 수 있다. 부부가 부모보다 먼저다. 그렇다면 부모가 부부로서 연합된 모습을 보지 못한 자녀는 행복한 결혼생활을 이룰 수 없는가? 그렇지 않다. 사랑의 하나님은 상처받은 자녀에게도 행복한 결혼을 누릴 수 있는 계획을 갖고 계신다. 결혼하는 모든 부부는 행복한 가정을 만들 수 있다. 그 비밀의 열쇠를 알기만 하면 된다. 그것은 바로 부부가 연합하는 것이다. 부모로부터 상처가 많고 갈등이 심한 가정에서 자랐어도 상관없다.

아버지의 무시와 폭력으로 상처받은 어머니가 불쌍한 아들 민호씨와 어머니의 예민한 태도로 고통받는 아버지에 대한 연민이 있었던 딸 애란씨가 결혼을 했다. 결혼 할 때 마음 한 켠에 민호씨는 어머니에 대한 죄책감과 애란씨는 아버지를 두고 떠나는 무거운 마음이 있었다. 결국 두 사람은 정서적으로 부모와의 태를 끊지 못하였고, 이는 다시 배우자와의 연합에 걸림돌이 되었다.

하나님은 과거 원가족의 상황과 상관없이 결혼하면 먼저 배우자와 연합해야 한다고 말씀하셨다. 우선순위를 배우자에게 두라고 하셨다. 그렇게 될 때 어릴 때 부모로부터 받지 못한 사랑을 회복할 수 있다. 사랑받은 자녀는 미련 없이 부모를 떠날 수 있다. 민호씨와 애란씨처럼 부모의 사랑을 받지 못한 자녀는 부모 곁에 머물러 있으려는 속성이 강하다. 이래서 부모의 사랑은 자녀의 행복한 결혼생활의 모태가 된다는 것이다. 하지만 사랑의 하나님은 부모에게 받지 못한 사랑을 회복할 기회를 주셨다. 부모의 사랑을 회복할 기회를 결혼을 통해 제공하셨다.

상처의 치유를 위한 첫걸음

자녀는 어릴 때 부모에게 받은 사랑과 상처로부터 평생을 지배받으며 살아간다. 그것의 영향력이란 실상 대단하다. 상담을 하다보면 부모로부터 받은 상처에 호소하며 몸부림치는 사람들을 많이 만나게 된다. 그런데 정말 다행히도 결혼해 배우자와 온전히 연합하면 그 상처의 고통이 줄어들고 치유될 수 있다. 또 다른 사례를 통하여 부모와 연합되지 못한 상처가 얼마나 큰지를 알아 보자. 그리고 부모에게 받은 상처가 부부의 연합으로 어떻게 회복 되는지 살펴보자.

성애씨는 힘들 때마다 기도했다. 그런데 기도가 시작되면 온몸이 떨렸다. 식은땀이 나고 고통스러웠다. 사연인즉 어린 시절 부모의 싸움은 끝이 없었다. 어머니는 자녀를 비난하고 저주했다. 아버지도 욕과 독설을 서슴지 않았다. "너희들만 아니었으면 저 인간하고 안 살았을 텐데."

이런 부모의 싸움으로 인해 장녀인 성애씨가 가장 많은 상처를 받았다. 결혼해서 자녀를 둔 성애씨는 여전히 그 고통 속에 살고 있다. 그녀는 화가 나면 남편에게 참지 못하고 막말을 했다. 자기가 받은 아픔이 컸기 때문에 자녀에게 같은 상처를 주지 않으려 애썼고, 관대하게 대하려 했다. 남편이 아이를 야단치면 그녀는 남편을 향해 폭발했다. 남편이 아이를 야단칠 때면 부모에게 비난을 받았던 자신의 어린 시절로 순식간에 빠져들었다. 그래서 아이를 보호하려 했다. 남편은 아내와 풀기 위해서 아버지학교도 가고 연구소에서 실시하는 부부 세미나에도 참석했다. 점차 회복이 되어 가다가도 한 번씩 성애씨가 뒤집어 놓았다. 부부 상담 중에 성애씨가 용기를 내어 처음으로 자신의 속내를 드러냈다.

"선생님! 제 모든 세포 하나하나에 부모의 욕이 들어 있어요. 기도에 집중하면 어느 순간 그런 생각이 들어요. 세포 속에 있는 부모의 욕을 떨어뜨리기 위해서 몸이 떨리기 시작해요. 그렇게 해야 세포 속의 욕이 떨어져 나가는 것만 같아요. 점점 더 심하게 몸을 떨면서 기도를 하게 되요"

그날 아내의 깊은 상처의 고백은 남편을 움직였다. 남편이 조금씩 아내의 고통을 이해했다. 그리고 아내의 고통에 다가가서 안아주고 위로해 주었다. 그리고 울면서 말했다. "다 이해됩니다. 세포 속에 부모의 사랑이 들어 있어도 세상을 살기 쉽지 않은데 욕이 들어 있었으니 얼마나 힘들었을까요. 얼마나 고통스러웠을지 이제야 아내 마음을 알게 되었네요."

아내가 왜 그렇게 고통스러워했는지 깨닫고는 위로하고 눈물을 보이는 남편의 태도에 아내가 말했다. "몸을 흔들고 발버둥을 쳐도 부모의 욕이 떨어지지 않았어요. 그런데 남편이 이렇게 나를 진심으로 위로하고 마음을 알아주니까 하나씩 떨어져 나가는 것 같아요."

부모에게 받은 상처를 배우자와 연합하면 분명 회복된다. 물론 부모에게 받은 사랑의 힘이 배우자와의 연합을 쉽게 한다. 하지만 부모에게 상처를 받았더라도 절망하지 말고 배우자와 연합하면 회복이 된다. 부모를 떠나 배우자와 연합하라는 하나님의 계획은 이렇게 철저하다. 어릴 때 상처가 평생을 결정할 운명이 아니란 것이 얼마나 큰 희망인가? 많은 부부가 상담 후 회복이 되면 서서히 부모가 준 고통에서 벗어난다. 하나님은 그런 상처까지 치유할 수 있는 계획을 부부 관계에 심어 두셨다.

떠남을 위한 연합?!

다시 언급하지만 자녀가 부모를 건강하게 떠나기 위해서는 부모와 연합을 경험해야 한다. 사랑을 받는 느낌을 경험해야 한다. 그 힘으로 배우자와 연합한다. 건강하게 연합되지 못하면 건강하게 떠날 수 없다. 부모의 사랑을 받고 떠난 자녀는 배우자와 연합하여 행복하게 살아간다. 부모로부터 상처가 많은 자녀는 부모와 단절하기 위해서 배우자와 결혼한다. 그때 배우자와의 건강한 연합이 어렵게 된다. 상처가 많으면, 자신의 고통을 먼저 이해받기만을 바란다.

떠남은 건강하지만 단절은 고통이다. 떠남은 새로운 회복이지만 단절은 또 다른 갈등의 시작점이 된다. 상처는 고립을 선택하거나 건강한 연합을 방해한다. 싸움이 많은 가정은 단절할 수박에 없다. 사랑을 받은 자녀는 누군가와 건강하게 사랑을 한다.

부모는 자녀를 떠나보내야 한다. 부모가 자녀의 떠남을 막고 있으면, 자녀가 먼저 부모를 떠나야 한다. 부모와 일정 거리를 두어야 한다. 그래야 배우자와 연합할 수 있다. 앞서 여러 차례 말했지만, 부부의 연합은 불효가 아니다. 부부의 연합을 통해 부모를 사랑할 수 있다. 그러니 걱정하지 말고 먼저 배우자와 연합을 시도하라. 부모는 효도를 강조하기보다는 결혼한 자녀가 부부로 연합할 수 있게 도와야 한다. 부모로부터 받은 사랑이 부부 연합의 기초가 되고, 부부로 연합된 자녀는 부모를 사랑할 수 있는 힘이 생긴다. 이는 자연스럽게 자신의 자녀를 다시 사랑할 수 있는 원동력이 된다.

애석하지만 자녀에게 죄책감을 심어 주어서 자녀가 떠나지 못하게 만드는 부모도 있다. 떠남이 불효라며 붙잡는다. 상담하던 중 "나를 떠나려면 다시는 볼 생각을 말라"고 협박하는 부모도 있었다. 천륜을 강조하며 부모를 떠나 부부로의 연합을 죄스러운 행위로 몰아간다.

결혼 후 효도는 아들과 며느리, 딸과 사위가 하는 것이 아니라 부부가 연합해서 해야 한다. 효도는 혼자가 아닌 함께할 때 결실이 크다. 아직 연합되지 못한 젊은 부부들 가운데는 각자 자기 부모를 챙기겠다는 경우가 늘어나고 있다. 그것은 부부 연합을 갈라놓는다. 성경적인 효도는 부부가 연합해서 해야 된다. 효도의 전제 조건은 부부 연합이라는 사실을 잊지 말라.

실존을 결정하는 부모와 배우자

그렇다면 우리는 정확히 알 필요가 있다. 왜 하나님은 부모를 떠나 아내와 연합하라고 하셨을까? 이는 부모와 부부의 사랑이 매우 유사하기 때문이다. 부모는 자녀의 실존을 결정한다. 부모의 자녀를 향한 시선이 자녀의 가치를 결정한다. 부모의 사랑을 받지 못한 자녀는 자신을 사랑하기 어렵다. 부모가 보여 주는 신뢰가 자녀의 자기 가치를 높인다. 부모의 사랑과 따뜻한 시선은 자녀가 자신 있게 살아갈 수 있는 힘을 공급한다.

하지만 부모의 사랑을 받지 못한 자녀는 자신이 무가치하다고 느낀다. 부모에게 부족하다는 말을 듣고 자란 자녀는 자신을 부족하고 못난 사람으로 인식한다. 자존감이 사라지고 자신감을 가질 수 없다. 무가치하고 부정적인 자기상을 갖는다. 이것은 다른 사람과 관계를 맺기 어렵게 만들며, 진취적인 삶을 살아가기 어렵게 한다. 그들의 특징으로는 새로운 환경에 도전하기를 두려워한다. 또한 부모에게 받지 못한 사랑을 채우는 데 온 힘을 쏟는 삶을 살아간다. 그러나 부모의 사랑을 받은 자녀는 그것을 확보하기 위하여 사용해야 하는 많은 에너지를 다른 곳에 건설적으로 사용할 수 있다.

부부 역시 부모의 사랑과 같은 힘을 갖고 있다. 배우자의 부정적인 시각은 상대 배우자의 자신감을 떨어뜨리고 점차 스스로를 무가치하다고 여기게 만든다. 어릴 때 부모의 사랑을 경험한 사람도 결혼하여 배우자와 연합하지 못하고 비난을 받으면 자신감이 떨어지고 자존감이 낮아진다. 부부가 연합되지 못하면 우울감과 무력감을 느낀다. 의욕이 없어서 일과 가사를 할 동력을 잃고, 자신이 맡은 역할에 대한 의미를 잃어간다. 심지어 자신의 자녀에게도 부정적으로 반응한다. 이렇듯 연합해야 할 사람과 연합되지 못하면 상처가 된다.

최근 부부치료 분야에서도 부모와 부부 사랑 간의 유사점을 설명하고 있다. 어릴 때 부모에게 상처가 많은 사람도 부부 관계를 통하여 회복될 수 있다. 모든 부부의 행복 조건은 동등하다. 바로 부부가 연합하는 것이다. 결혼의 어떠한 조건도 부부의 연합을 뛰어

넘을 수 없다. 부요해도, 양가 부모가 잘해 주어도, 학벌이 뛰어나도, 금수저를 물고 태어났어도 연합되지 못한 부부는 고통 가운데 산다. 마치 부모의 사랑을 받지 못해서 방황하는 자녀와 같은 신세다. 이혼의 가장 큰 이유 역시 연합하지 못함이다.

부모의 사랑과 부부 사랑의 유사점

부모와 자녀, 부부 사랑의 유사점을 네 가지로 요약할 수 있다. 첫째로 자녀는 부모, 부부는 배우자와 함께 있고 싶어 한다. 자신이 힘들 때나 기쁠 때 함께하며 나누고 싶어 한다. 두 번째는 거절을 당하면 상처가 된다. 부모로부터 인정받지 못한 것은 큰 상처가 된다. 마찬가지로 배우자가 무시하고 인정해 주지 않으면 깊은 상처가 된다. 위로가 필요할 때 함께 있어 주지 않으면 좋지 못한 결과가 생긴다. 우울증에 빠지거나 분노에 처한다. 상처가 자리 잡게 된다. 힘든 상황보다도 그때 보이는 배우자의 외면이 더 큰 상처가 된다. 세 번째는 이 두 관계 모두 '삶의 안식처'(safe haven)이다. 안식처란 힘들 때 위로를 주고받는 곳이다. 진정한 휴식은 불편한 기류 속에서 누워 있는 상태가 아니라 위로하고 지지할 때 가능하다. 마지막으로 두 관계는 서로를 위한 '안전기지'(secure base)역할을 한다. 안전기지란 연합된 관계를 통하여 에너지를 공급받아 외부로 멀리 탐험할 수 있는 용기를 공급하는 곳을 말한다. 전쟁에서 지친 군인이 안전기지에서 치료받고 휴식을 취하여 전장에 다시 투입되는 것과 같다. 자녀는 부모에게 위로를 받아서 그 힘으로 학교를 가고 사회로 뻗어나갈 수 있는 힘을 공급받는다. 부부도 이와 같다. 부부가 연합하여 에너지를 공급받음으로 다음날 남편은 직장에 힘차게 나갈 수 있고 아내는 자녀를 양육하고 가사를 할 수 있는 힘을 얻는다. 물론 일을 하는 아내는 힘을 낼 수 있고, 가사를 하는 남편도 힘을 낸다.

강한 아버지로부터 자신감 없이 자란 남편 상구씨가 아내 지혜씨의 권유로 부부 상담에 응했다. 자수성가한 아버지는 하나 밖에 없는 아들을 강하게 키워야 한다는 생각에 딸들보다 야단을 많이 쳤으며 칭찬은 거의 하지 않았다. 상구씨는 뭔가를 시도하면 자신을 믿지 못하는 아버지께 결국 야단을 맞기 일쑤였기에 자발적으로 움직이지 않았다. 어차피 야단맞을 바에는 끝까지 버티다가 한번에 야단을 맞는 것이 낫다고 생각했다. 잔소리를 많이 하는 부모 밑에서 자란 자녀가 자발성이 떨어지는 이유가 이런 것이리라. 칭찬을 받으면 자발적으로 움직이면서 자신과 남을 기쁘게 하지만, 주로 야단을 받은 자녀는 동력을 잃게 된다. 새로운 것을 시도하지 않는다. 만성적인 무기력감에 빠져 있었다.

아내 지혜씨는 결혼 초기부터 답답했다. 무기력하고 주말이면 병든 닭처럼 졸기만 하고 시키는 것만 겨우 하는 남편이 무능력해 보였다. 심지어 상담 중에 남편 상구씨의 머리에 이상이 있는 것이 아닌가 하는 생각이 들기도 했다고 말했다. 하지만 남편의 지능지수는 평균 이상이었다.

부모의 무시를 받고 칭찬을 받지 못한 자녀는 자신의 능력을 효율적으로 활용하지 못한다. 반대로 정서적인 안정감은 상황에 맞게 정확한 판단을 하게 만든다. 연구에 의하면 애착 욕구에 적절한 반응을 받은 자녀일수록 지능지수가 높았다.

상구씨와는 다르게 지혜씨는 부모와 관계가 좋고 사랑을 받으며 자랐다. 자신감이 넘치고 상황을 현명하게 풀어갈 여유가 있었다. 결혼하고 처음 인생의 어려운 상황들과 마주하게 되었다. 만약 이것이 혼자 해결할 수 있는 일이라면 어렵지 않았을 것이다. 하지만 부부 관계는 남편과 함께 풀어야 하기 때문에 어려웠다. 전혀 움직임이 없는 남편 때문에 해결은커녕 답답하기만 했다. 반대로 남편은 아내가 불만을 표현하지만 않으면 아무런 문제가 되지 않을 상황이었다. 어릴 때부터 아버지가 말하지 않은 것은 심각하지도 않았고 스스로 무엇을 해결하려는 의지도 없었다. 괜히 건드려서 긁어 부스럼을 만들고 싶지 않았다.

아내는 주변 상황에 대처하는 감각이 뛰어났다. 시아버지는 그런 똑똑한 며느리를 좋아했고 그녀를 함부로 대하지 못했다. 하지만 결혼한 아들을 꽉 쥐고 놓지 않았다. 아들은 아버지 사업장에서 일하면서 여전히 간섭을 받았고 늘 핀잔을 듣고 있었다. 게다가 부모님이 윗집에서 살고 있어서 언제든지 가정 생활 깊숙이 침범할 수 있었다.

상담이 진행되면서 아내가 남편의 무기력과 자발성이 떨어진 이유를 차츰 알게 되었다. 남편의 상처가 안쓰럽기도 하고 도와주고 싶었지만 강한 시아버지의 영향력에서 벗어나는 것이 어려웠다. 결국 그 어느 때보다 강한 대처가 필요했다. 시부모에게 가서 아내가 부모님과 떨어져 살지 않으면 이혼하겠다고 했다. 남편은 아버지가 무서워 그런 말을 할 수 없었다. 그런데 주변의 체면이 중요한 시아버지에게 아들의 이혼은 받아들일 수 없는 일이었다. 가부장적인 아버지에게 아들의 이혼은 자기 위신에 금이 가고 체면이 깎이는 일이었다. 아들의 이혼을 막기 위해서 분가를 허락했다. 시댁과 멀리 떨어진 곳으로 아파트도 구해 주고 이사를 허락했다.

이사한 이후에도 남편은 여전히 무기력했다. 남편에게 아버지와 아내는 비슷해서 아내가 지적하거나 문제를 제기하면 들으려 하지 않았다. 두 사람 모두 자신을 무시하고 비난한다고 여겼다. 아내가 가사와 육아를 도와달라고 해도 남편은 "그것 해 줘도 다른 것으로 화낼 건데 무슨 소용있어?"라는 반응을 보였다.

시간이 지나면서 남편은 가끔 설거지를 돕거나 집안 청소를 하게 되면 아내의 반응이 아버지와 다르다는 것을 발견했다. 아버지는 칭찬 없이 늘 못마땅하게 봤는데 아내는 남편을 칭찬했다. 그리고 자신을 전혀 인정해 주지 않는 아버지와 달리 아내의 격려는 위로가 되었다. 아내는 남편의 아픔을 이해했다. 남편의 부족한 자발성이 아버지로부터 받은 상처로 인한 행동임을 깨달았다. 그래서 지적을 멈추고 인정과 칭찬을 계속했다. 남편의 자발성이 점차 늘어갔고 자신의 상처를 알고 자신의 문제를 차츰 받아 들였다. 아버지는 자기에게 화를 내는 사람이었고 아내는 자기와 함께 풀어가고 싶어 한다는 사실을 알았다. 아내는 다음과 같이 말했다.

"아버지에게 무시를 받아서 나에게 더 많이 인정받고 싶어 한다는 것을 알았어요. 그래서 나에게 시아버지와 비슷한 모습이 보이면 더 화가 났었나 봐요. 어릴 때부터 늘 무시를 받아와서 시아버지께는 그러려니 무기력하게 받아 들였지만, 아내인 제가 무시하면 한편으로 화가 났겠지요. 남편도 잘할 수 있는데 시아버지께서 날개를 꺾은 것 같았어요. 이제 시댁과 멀리 떨어지고 제가 남편을 인정하고 세워 주면서 남편의 자발성이 늘어가고 있어요."

아내 지혜씨는 처음 상담을 신청했을 당시는 회복이 되지 않으면 이혼하겠다고 생각했다. 설사 이혼을 하더라도 남편이 건강하게 치유할 수 있게 도와주고 싶어서 부부치료를 시작했다. 이혼한 남편이 무기력하게 살면 아이들에게 짐이 될 것이고, 남편이 설사 재혼을 하더라도 남편이 잘 살아야 아이들에게 부담이 덜 될 것이라 여겼다. 남편의 자신감이 회복되지 않으면 홀아비로 살아도 아이들에게 짐이 될 것 같았기 때문이다.

"상담을 통해 우리가 헤어지기에는 이미 판이 너무 커져 버린 것을 알았어요. 아이도 두 명이나 태어났고, 제 삶도 남편하고 엮여 있고 친정과 시댁 식구들을 생각하면 이혼이 단순한 문제가 아니라는 것을 알았어요. 마지막이라는 심정으로 상담을 신청했어요. 소장님께서 개인 상담을 할 때 부부가 연합하면 남편이 회복될 수 있다는 말에 용기를 가졌어요."

남편의 변화는 아내보다 더 컸다. 위로를 받아본 적이 없던 남편에게 아내의 지지와 위로는 주저앉아 관망만 하던 삶의 태도를 바꾸어 놓았다. 아버지의 그늘에서 허우적거리던 상구씨는 점차 아버지의 아픔까지 보는 건강한 내면을 갖게 됐다. 상처가 극복되고 자신감이 회복되어야 다른 사람의 상처가 비로소 보인다. 아버지를 극복할 수 있는 힘이 생겼다. 아버지의 비난은 여전히 아프지만 이제 수월하게 견딜 수 있다.

"잔소리하고 야단치는 아내가 아버지와 같다고 생각했어요. 아버지는 칭찬 없이 비난만 했는데 아내는 요즘 제가 하는 일을 인정해 줘요. 요즘 살맛이 납니다. 자신이 생기고 아버지를 만나는 것도 이전보다 힘들지 않아요. 제가 누군가를 즐겁게 해 줄 수 있다는 사실이 기뻐요. 아내가 저의 이런 변화를 좋아하고 아이들도 밝아 졌어요. 전에는 아이들이 안 보였는데 이제 눈에 들어와요. 아이들에게 아버지하고는 다른 좋은 아빠가 되고 싶었는데 이제 가능해졌어요."

과거 아버지는 상구씨의 행동에 대한 피드백이 늘 부정적이었다. 그러나 아내는 반대로 남편의 아주 작은 자발적 움직임을 칭찬하고 기뻐했다. 그것이 남편을 변화시킨 가장 큰 힘이었다. 아내가 남편의 아픔과 연합할 때 남편은 아내의 기쁨에 연합한다. 부부가 연합하면 그 힘은 실로 엄청나다. 부부가 연합하면 부모를 만나기 쉬워진다. 부모의 사랑과 부부의 사랑이 비슷해서 부부 관계가 회복되면 부모로부터 받지 못한 사랑이 회복된다. 이들 부부가 그것을 잘 보여 주고 있다. 부부 연합이 효도를 가능하게 한다는 사실을 알려 준 사례였다. 부모와 먼저 떠나서 부부가 연합할 때 다시 부모와 건강하게 만날 수 있다.

부모 사랑과 부부 사랑의 차이점

부부 관계가 악화되면서 둘만 있는 공간이 답답하고 어색하다. 가끔 다가가서 미안하다고 말을 붙이고 싶지만 아내가 받아 줄 것 같지 않다. 그래서 남편은 아이를 데리고 밖으로 나간다. 집안에 흐르는 불편한 기류에서 벗어나고 싶을 때 아이들을 핑계로 집을 나올 수 있으니 아이들이 고맙다. 아내는 이제 남편에게 아무것도 해 주고 싶지 않다. 아이도 봐주고 설거지도 눈치를 보며 해 주지만 고맙거나 기쁘지 않다. 그래서 괜히 아이들에게 집중하게 된다. 어색한 분위기를 벗어나기 위해서 아이들과 대화한다. 아들이 가끔 속을 썩이기는 하지만 하루 지나면 별일 아닌 듯이 웃을 수 있다. 그래서 내리사랑이라고 하나보다. 하지만 남편에게는 다가가는 것이 싫고 점차 화가 난다.

부모-자녀 관계와 부부 관계는 애착적인 면에서 유사한 점이 많다. 보울비는 정서적 친밀감은 인간이 살아가기 위해서 반드시 필요한 욕구로, 평생토록 지속된다고 주장했다.

하지만 유아의 경우에는 대부분의 애착 욕구를 부모, 특히 엄마에게 의존하여 충족한다. 엄마가 공급해 주면 아이는 공급을 받는다. 주로 공급자가 부모이고 수혜자는 아이들이다. 유아는 공급을 받지 않으면 살아갈 힘이 없다. 그래서 자녀에게 주는 것은 아깝지 않게 모성애와 부성애가 있다. 조건 없는 내리사랑이 가능한 것이다. 또한 유아의 필요는 즉각적이고 실제적인 도움을 받는 것이 매우 중요하다. 배고프면 우유를, 기저귀가 젖어 있으면 기저귀를 갈아 줘야 한다. 자신의 욕구가 그때그때 충족되어야 아이는 편안함을 느낀다.

성인 애착의 경우 이와는 약간 차이가 있다. 성인에게는 실제적인 도움도 필요하지만 상징적인 행동이 중요하게 작용한다. 애정을 듬뿍 담아서 준비한 선물과 다른 목적이 있어서 사다 주는 선물은 애착적인 의미가 다르다. 예를 들어 남편이 아내가 고생하는 것을 생각하면서 꽃을 사다 주면 아내는 그 꽃을 볼 때마다 기분이 좋아지고 마음의 안정을 찾는다. 하지만 남편이 부인 몰래 사용한 카드 대금을 모면하기 위해서 꽃을 사들고 들어갔다면, 같은 꽃일지라도 그 선물은 쓰레기통에 내동댕이쳐질 수 있다. 물건에 담긴 상징이 관계에 중요한 요소가 되는 것이다.

아내가 남편에게 '여보! 우리 가족을 위해서 고생이 많아요, 힘내요!'라는 문자 메시지는 단순한 문자 이상의 가치가 있다. 문자 속의 상징성이 남편에게 힘을 내게 한다. 이 시간에 아내가 나를 생각하고 있다는 데서 남편은 힘을 얻는다. 남편은 그 순간 가족을 위해 일하는 게 힘들지 않다. 아내의 응원이 더운 여름날의 청량제가 된다. 또한 자연스럽게 '아내도 아이들 돌보느라 힘들 텐데'라는 생각을 하게 될 것이다. 이렇듯 상대방에 대한 배려가 생겨난다. 부부관계가 원활하려면 이러한 긍정적인 상징성을 늘려나가야 한다.

더불어 부정적인 메시지를 줄여야 한다. 눈으로는 뚫어져라 TV만 보면서 입으로 사랑한다고 말한다면 상대방에게는 더 큰 실망감을 주고 관계에 대한 부정적인 인식이 강해질 뿐이다. 장난스럽게 미안하고 고맙다고 말하는 것보다는 진지하게 상대방의 눈을 보며 같은 말을 전달할 때 파급효과는 엄청나게 크다는 점을 잊지 말자.

성인 애착의 두 번째 특징은 성(sex)적이라는 점이다. 부부가 평소 친밀감이 있으면 성관계는 자연스럽게 일어난다. 애착 대상에게 신체적인 접촉을 원하는 것은 당연한 일이다. 부부가 친밀해지면 신체적인 접촉은 필수적인 행위가 된다. 이를 통해서 애착은 강화된다. 특히 여성의 경우 정서적 유대감이 있어야 성관계를 허락하는 성향이 강하고 남성은 성관계를 맺어야 유대감이 생긴다고 생각한다. 애착적인 관점에서 보면 평소 일상생활을 잘 나누는 것이 부부의 성관계를 만족시킬 수 있는 강력한 도구다. 일상생활이 부부의 성관계를 돕는 전희 활동이 되는 것이다. 즉, 서로 배려하고 대화를 나누고 설거지를 돕고 따뜻한 선물을 하는 등의 배려가 성관계를 강화시킨다.

성인 애착의 세 번째 특징은 상호성이다. 부모가 주로 공급자이고 아이는 받는 것이 유아 애착의 특징이다. 하지만 부부는 한쪽에서 일방적으로 희생하고 공급하는 것으로 건강한 관계를 유지할 수 없다. 한 아내가 했던 말이 기억난다. "아들에게는 내가 가진 것을 다 주어도 전혀 아깝지 않은데 남편에게는 뭔가를 주어도 보상이 없으면 아까워요."

같은 애착 대상이라도 상대에 따라 속성이 조금씩 다르다. 내리사랑이라는 말을 애착으로 이해하면 설득력이 있다. 과거 식모살이를 해서 남편을 판사, 검사로 만든 아내는 결국 불행한 삶을 살게 된다는 신파가 전혀 근거가 없는 말은 아닌 것이다. 부부 관계는 부모-자녀 관계와 달리 상호적이어야 한다. 남편과 아내는 배우자의 욕구와 필요를 채워 주려고 노력할 때 행복해진다.

배우자의 이상을 지지해 주고 채워 주는 부부가 행복하게 살 확률이 높다고 한다. 미국의 노스웨스턴대학교, 영국의 런던대학교, 네덜란드의 암스테르담대학교의 연구진은 이를 '미켈란젤로 효과'라고 불렀다. 대리석 속에 숨어 있는 멋진 조각상을 볼 수 있는 사람만이 대리석을 아름답게 조각할 수 있었다. 미켈란젤로는 버려질 수도 있었던 돌멩이 속 보석을 알아보고 다듬고 또 다듬어 주었다. 배우자의 부족한 부분을 회초리로 때리지 말고, 좋은 작품을 만들 때까지 그의 장점을 자주 얘기하고 꿈을 조각해 주는 부부가 되어야 한다. 서로 꿈과 비전을 격려해 주는 부부가 되어야 한다. 그때 곰과 여우가 한 집에서 행복하게 지낼 수 있다.

배우자의 행복에 초점을 맞추고 반응을 하는 부부는 사랑하는 감정이 커지고, 친밀감도 높아진다. 이러한 반응을 '공동 반응성'이라고 한다. 공동 반응성이 큰 부부는 자신의 약점을 드러내고, 친밀감에 대한 욕구를 쉽게 표현한다. 그리고 배우자의 상처를 달래고 즐거운 활동을 함께한다. 또한 배우자가 가진 목표를 지원하고 자기 위주로 반응하기보다는 배우자를 안심시키고 위로하는 행동을 많이 한다. 아내가 약속 시간에 늦어도 자신의 감정보다는 늦은 배우자를 먼저 생각한다. "시간에 늦어서 급히 오느라 힘들었지?"라는 식의 반응을 보일 수 있다. 아니면 "혹시 급한 일이 있었던 것은 아니야?"라고 말할 수 있다. 그러면 늦은 아내는 자신을 변명하기보다는 남편의 마음에 다가간다. "자기도 기다리느라 힘들었지?"

공동 반응성은 다섯 가지 방식으로 표현된다. 먼저 배우자에게 도움을 주는 것이다. 아플 때 약국으로 달려가서 약을 사오거나 임신 중인 아내를 위해서 원하는 음식을 사다 주는 것이 첫 번째 방식에 해당된다. 두 번째는 배우자의 장래 목표를 지원해 주는 것이다. 열심히 경청하고 관심을 갖고 조언해 준다. 세 번째는 서로 협동하여 더 나은 가치를 만든다. 함께 춤을 배우거나 의미 있는 강의를 듣는다. 네 번째는 배우자의 실수를 너그럽게 용서하는 것이다. 다섯 번째는 특별한 요구가 없더라도 상대방을 배려하는 상징적인 행동을 한다. 배우자가 좋아하는 음식을 만들거나 꽃을 산다. 배우자에게 감사의 카드를 쓰고 애정 어린 투정을 하는 것이 이에 해당된다. 부모-자녀 간에는 부모가 주로 자녀에게 반응을 보이지만 부부는 서로 공동 반응을 늘려가야 한다.

부부가 먼저 친밀감을 회복하고 나면 비로소 자녀의 애착 욕구를 충족시켜 줄 수 있는 힘을 공급받게 된다. 가정에 부부 관계가 무엇보다 우선이 되어야 하는 이유가 바로 여기에 있다. 부부가 살아야 가정이 산다. 다시 말하면 부부가 친해지면 자녀가 살아난다.

인간이 혼자 사는 것은 좋지 못하다

하나님이 천지를 창조하시고 모든 것이 좋았다. 하지만 그렇게 좋았던 에덴동산에도 하나님의 마음을 아프게 한 모습이 있었다. 홀로 있는 아담의 모습이었다. 인간의 독처하는 모습이 보시기에 좋지 않았다. 에덴동산에서 홀로 하나님이 주신 사명을 감당하고 있었던 아담의 외로움을 보셨다. 절대 고독을 느끼고 있는 아담이 에덴동산에서 가장 보시기에 좋지 않았다. 왜 그러셨을까. 이 상황에 대해 묵상해 보자.

소중한 사람과 연합되지 못하면 공황에 빠진다

에덴동산에서 묵묵히 사명을 감당하고 있는 아담은 하나님이 보시기에 얼마나 좋았을까? 그는 지구상에 인간관계에 신경 쓰지 않고 하나님이 주신 사명을 감당했던 유일한 인간이었다. 에덴동산을 경작하고 지키고 실과 이름을 짓고 오직 하나님만 바라봤던 남자 아담이었다. 아담은 묵묵히 복잡한 인간관계에서 벌어지는 갈등을 겪지 않고 오직 하나님의 명령을 수행하고 있었다. 하나님만 바라보는 삶! 오로지 하나님만 바라보며 소통했던 아담이었다. 한편으로 일만하는 아담이 속은 편했을 수 있겠다는 상상도 해 본다.

하지만 우리의 머리카락 하나까지도 세시는 하나님께서는 그런 아담의 상태를 정확하게 진단하셨다. 절대고독! 인간은 하나님의 사명을 홀로 감당하는 것은 충분하지 않다는 것을 알고 있었다. 하나님의 사명을 잘 감당하기 위해서는 동역자가 필요하다. 하나님은 인간이 혼자 사는 것이 상처임을 아셨다. 그렇기에 인간은 혼자 사는 것이 좋지 않게 창조되었다. 다른 사람의 도움과 이해를 필요로 한다. 남자 아담이 혼자 일만 하는 것은 좋지 않다. 인간은 하나님의 그 사명, 자신의 역할을 수행하기 위해 반드시 동역자가 있어야 한다.

부부 문제는 하나님께 나아가야 할 부분이며, 직접 풀어야 할 부분이 있다. 기도해야 할 것과 배우자에게 다가가서 노력해야 할 부분이 있다. 목회자를 위한 부부학교에서 강의를 하면서 만났던 목회자 부부가 있었다. 육아와 사역으로 지친 사모가 우울증을 앓게 되었다. 그래서 설교를 준비하는 남편 목사님 방에 토요일 저녁에 조용히 찾아갔다. 노크를 하고 들어가서 남편에게 말했다. "여보! 나 지금 너무 우울하고 힘들어. 나랑 얘기 좀 해!"

그날 목사는 다음날 설교에 집중해야 해서 다음과 같이 말했다고 한다. "여보 나 지금 설교 준비로 바빠! 당신 조용히 기도실 가서 하나님께 기도해!"

부부학교에서 조용히 과거 얘기를 이어가던 사모님이 통곡하기 시작했다. 그리고 아래와 같이 말을 이어갔다.

"여보! 사실 15년 만에 당신에게 지금 처음으로 고백해. 오늘 강의를 듣고 부부가 연합하라는 말에 용기를 얻었어. 그리고 부부가 연합되지 못하면 실존이 무너진다는 사실을 알고 내가 잘못된 것이 아니라는 사실을 알았어. 내가 처음에 당신에게 다가가서 우울하다고 말했을 때는 당신의 위로를 받고 싶었어. 그런데 그날 당신이 나보고 조용히 가서 기도하라고 했었지?"

목사님이 눈물 흘리면서 묵묵히 사모를 바라보고 있었다. 사모님이 말을 이어갔다. "기도하라는 말을 듣고 당신 방을 나서면서 진짜 뛰어내려 죽고 싶었어."

물론 사모는 자살을 하지 않았다. 하지만 당시의 버림받은 감정은 고스란히 남아 있었다. 자신 앞에 남편이 아니라 목사로 있었던 것이 상처였다고 한다. 그녀는 남편을 원했다고 한다. 그리고 이런 생각이 잘못된 것 같아서 누르고 살았는데 강의를 통하여 진심으로 회복을 할 수 있게 되었다. 그날 목사는 아내 사모의 남편이 되었다. 비로소 부부가 연합하게 된 것이다. 직업과 상관없이 부부가 되지 못하면 절대 고독이 찾아온다. 에덴동산에 혼자 있는 아담이 된다. 그날 부부학교에 참여한 많은 목사와 사모가 부부의 소중함을 알게 되었다.

자크 팬크셉은 연합대상과의 유대감 상실은 특정한 종류의 공포, 즉 '원초적 공황'(primal panic)을 일으킨다고 했다. 부모와 자녀, 부부 관계가 단절되면 이러한 특정 반응이 나타난다.

성인은 부부를 통해서 고립감이 회복된다

에덴동산에서 혼자 살았던 유일한 인간 아담, 그 깊은 고독을 아시는 하나님은 이를 해결하기 위한 가장 적합한 대상을 붙여 주셨다. 부부! 성인인 아담의 외로움과 고통을 함께할 가장 적합한 사람이 바로 부부인 것이다. 현대를 살아가는 우리도 마찬가지로 부부가 서로를 통해 외로움과 고립감을 해결할 수 있는 가장 적합한 사람이다. 결혼한 부부는 연합되지 못하면 고립감이 찾아온다. 결혼한 부부의 고립감은 배우자와 연합될 때 사라진다. 그 해결의 가장 우선순위는 부부의 연합이다.

만약 아담의 고독을 해결할 수 있는 것이 술이었으면, 하나님은 포도주를 먼저 주지 않았겠는가? 그것이 골프였다면 에덴동산에 멋있는 골프장을 지어 주지 않았겠는가? 만약 아담이 어린아이였으면 고독을 해결해 주기 위해서 부모를 빚어 주었으리라 생각한다. 어린아이의 절대 고독은 부모와의 연합을 통해서 풀어지기 때문이다. 고독을 풀 우선의 대상이 친구였다면, 흙을 빚어서 두 번째, 세 번째 아담의 친구를 만들어 주지 않았을까? 하지만 하나님은 성인의 고독을 해결할 가장 적합한 사람으로 배우자를 세웠다.

현대의 우리도 결혼하여 부부가 서로 연합되지 못하면 에덴동산에 홀로 있었던 절대 고립을 경험한다. 원초적인 공황에 빠질 수 있다. 이때 술을 마시고 취미활동을 하고 친구들을 만나지만 고통이 사라지지 않는다. 비싼 음식을 먹고 명품으로 치장을 하더라도 공허와 고립은 사라지지 않는다. 부부의 연합이 없이는 해결되지 않는다. 이를 모르는 많은 사람이 부부의 연합을 향해서 가기보다 다른 방법을 찾아보지만 해결되지 않는다.

부부가 연합되지 않으면 남편과 아내 모두 살아 있음에 의미를 갖지 못한다. 부부가 서로 연합하지 않으면 어떤 행위로도 풀리지 않는다. 불화를 겪는 대부분의 부부가 죽고 싶어 한다. 아내는 아파트에서 뛰어내리고 싶었다고 하고 남편은 출근길에 가로수에 돌진하고 싶다고 말한다. 결혼한 부부는 서로 연합되지 않으면 에덴동산에 혼자 있는 듯한 절대 고독에서 벗어날 수 없다. 외도를 해도 고독은 해결되지 않는다. 오히려 외도가 진행되면 될수록 더 심한 죄책감과 공허감이 밀려온다.

부부 갈등은 새로운 관계를 통해서가 아니라 부부가 서로 다가가서 연합해야 벗어날 수 있다. 그리고 진정한 행복이 찾아온다. 출장을 가서 혼자 떨어져 있더라도 외롭지 않다. 오히려 배우자를 생각하면 출장에서 하는 일에 집중할 수 있고 기쁘다. 부부연합의 강력한 힘은 거리와 시간의 한계를 뛰어넘는다. 가사를 하는 아내에게도 에너지를 공급한다. 연합된 부부는 서로를 격려하여 자신이 하는 일의 의미가 더해지고 가치 있게 여긴다.

에덴동산에서 혼자 있었던 아담의 절대 고독에 대해 영국 정신의학자 존 보울비의 연구를 통해서 이해할 수 있다. 그는 가장 필요한 사람으로부터 박탈, 상실, 거부, 버림으로 입은 상처와 그것이 인간에게 미치는 영향을 설명하고 있다. 이러한 상처와 고립감이 성격 형성에 영향을 주며 일생 동안 스트레스를 다루는 개인의 성향에 영향을 준다고 했다. 그는 '필요할 때 사랑하는 사람이 옆에 있을 것이라는 확신이 있으면 그렇지 않은 사람에 비해서 힘차게 살아가고 두려움 없이 살아갈 수 있다. 강한 사람이 된다'고 했다. 고립과 상실로 무력감을 겪는 부부는 이를 회복하기 위해서 공격적이거나 회피적인 태도를 취하게 된다. 인간은 소중한 사람에게 버림을 받고 고립되는 것이 상처이며, 이는 유아 뿐 아니라 성인에게도 해당된다.

서로 좋은 조건을 찾아서 결혼한 많은 부부 역시 연합을 실패하여 파국을 맞는다. 조건을 따지다가는 연합에 방해를 받는다. 배우자의 정서적 아픔에 다가가고 서로의 필요를 채워 주어 서로 연합될 때, 비로소 결혼 조건의 가치가 높아진다. 행복한 결혼생활의 가장 중요한 조건은 남편과 아내가 연합하는 것이다.

행복의 요체는 관계다

인간의 외롭고 힘든 상황 자체가 상처는 아니다. 그것을 말 할 수 있는 대상이 없을 때 비로소 고통은 깊어지고 우울해진다. 기쁜 일과 슬픈 일을 나눌 대상에게 달려가고 싶은 마음은 인간의 소중한 기본 욕구이고, 하나님은 이미 인간을 창조하면서 연합하라고 했다. 이를 '친밀감을 향한 욕구'라고 부른다. 다른 말로 '애착 욕구'라고 한다.

힘들 때도 달려가지만 기쁠 때도 달려갈 대상이 있어야 된다. 상장을 받은 아이가 그것을 보여 줄 아무런 대상이 없으면 그 상장을 받은 기쁨은 크지 않을 것이다. 승진한 사람을 아무도 알아주지 않는다면 어떻겠는가? 달려갈 대상이 있어야 기쁨이 두 배가 된다. 아내가 시어머니에게 받은 상처가 있을 때 남편에게 다가가서 위로받고 싶은 마음은 건강한 것이다.

일을 열심히 하는 것만으로는 인간의 절대 고독이 해결될 수 없어서 ‘돕는 배필’을 세우셨다. 아담과 하와는 독립된 개인으로도 만들어졌지만 부부라는 관계로 존재할 때 완벽해 진다. 그렇게 창조되었다. 인간은 누군가와 연결되지 않으면 에덴동산에 혼자 있는 아담의 절대 고독의 세계로 되돌아간다. 부부가 연합에 실패하면 열심히 일하고, 자녀가 성공하고, 경제적으로 안정되어도 그 외로움은 사라지지 않는다.

하나님은 인간에게 관계를 주셨다. 하나님의 이러한 계획과 창조 원리는 많은 전문가들에 의해서 ‘관계의 중요성’이란 이름으로 연구되었다. 행복심리학으로 유명한 일리노이대학의 에드 디너 교수는 그의 논문 ‘매우 행복한 사람’에서 ‘행복의 요체는 관계’라고 했다. 인간은 관계를 떠나서 행복할 수 없다는 의미다. 정신의학자 보울비는 “인간의 가장 중요한 생존전략이 ‘애착 대상’을 곁에 두는 것이며, 인간은 인생의 풍랑을 만나면 자신에게 다가와 보호해 줄 대상을 사랑하도록 디자인 되었다”고 말했다. 조지 엘리엇은 “우리 삶이 사랑으로 통합될 때 행복을 만끽하고 결핍과 고통의 기억은 기쁨의 달콤한 샘으로 바뀐다”고 말했다. 프란스 드 발은 “인간이 홀로 살기를 좋아했다면 지금까지 인간은 존재하지 않았을 것이다”라고 했다. 기자 출신인 데보라 블럼은 “음식은 생명을 유지하지만 따뜻한 포옹은 생명 그 자체다”라고 언급했다.

에덴에서 혼자 열심히 일하는 아담에게 부부라는 관계를 허락하신 이유는 분명하다. 인생의 여정에서 외롭고 힘든 일을 만났을 때 소중한 관계인 부부를 통해서 극복하라는 것이다. 사랑의 하나님은 관계가 행복의 요체임을 인류를 창조할 때 이미 계획하셨다. 흔히 돈이 많은 부자를 '잘 산다'고 한다. 하지만 소중한 사람과 관계를 잘 맺고 살아가는 것이 잘 사는 것이다. 경제적으로 풍요롭고 큰 집에 살면서 가족 관계가 깨어져 못 살고 있는 현대의 가정이 수없이 많다.

부부의 사랑은 연합이다(애착)

결혼생활 행복의 가장 중요한 조건은 바로 부부의 연합에 있음을 다시 한 번 강조하고 싶다. 프랜차이즈 사업으로 점포를 100여개 운영하며, 서울의 고급 아파트에 살고 있지만 늘 이혼을 꿈꾸는 부부가 있었다. 남편과 아내는 모두 고학력에 연봉이 아주 높고 사회적으로 인정을 받는 전문 직업을 가졌다. 그런 부부가 함께 살 수 없다며 상담소를 찾았다. 양가의 축복 속에서 화려한 결혼식을 올리고 엄청난 혼수를 맞교환하며 가정을 꾸민 젊은 부부가 이혼을 원했다. 오래 연애를 한 부부도, 선을 봐서 빨리 결혼 한 부부도 고통 속에서 살 수 있다. 결국 이들 부부의 공통점은 부부로의 연합되지 못함이다. 남편과 아내라는 부부의 삶이 없어 함께 살 가치를 느끼지 못함이다.

연합은 배우자를 인정할 때 가능하다. 배우자를 통해 내가 '소중한 존재'라는 의미를 일깨워 준다. 혼자 있던 아담이 처음으로 만난 사람 배우자 하와에게 외친다. '이는 내 뼈 중에 뼈요 살 중의 살'이라며, 하와를 소중한 존재로 인정했다. 둘이 하나 되어 서로의 소중함을 회복시켜 주는 것이 바로 연합이다. 배우자가 나를 소중히 여긴다는 느낌을 받으면 고난이 찾아와도 극복하기 쉽다. 배우자의 부족함도 내 것으로 여기고 함께 극복할 힘이 있다. 못났다고 비난하는 것이 아니다. 어릴 때 배우자가 부모에게 받은 상처를 비난하지 않고 그 아픔을 이해하고 안아주게 된다. 그럴 때 비로소 단점과 상처를 극복할 수 있는 엄청난 힘을 얻게 된다.

연합의 힘을 누리지 못한 한국 가정

목사였던 아버지에게 상처를 받은 삼십대 남자와 상담을 했다.

"어릴 때 아버지가 교회에서 다른 분들과 있는데 반가운 마음에 다가가서 아빠에게 안기려고 팔을 벌렸어요. 그런데 아버지께서는 나를 외면하고 돌아섰어요. 잠시 후 아버지께서 나를 따로 불러서 다른 어른들 있는데 버릇없이 뭐하는 짓이냐고 타박했어요. 그날 아버지의 냉정하고 무서운 표정이 지금도 너무 생생해요. 어려서 아무 말을 못했지만 아버지의 지속적인 그런 태도는 나에게 상처로 남아 있어요. 그리고 나는 차츰 아버지에게 다가가지 않았어요. 나를 밀어낼까 두려웠어요. 아버지가 무서웠어요."

자녀의 마음에 다가가서 연합하는 것이 소중하다는 사실을 몰랐다. 부모의 친밀감이 자녀가 자신감을 갖고 독립할 수 있도록 돕는다는 것을 몰랐다. 몇 년 전 미국 심리학회의 발표가 있었다. '앞으로는 사랑을 받은 자가 살아남는 시대가 올 것이다.'

이를 다른 말로 표현해 보자. "결혼 전 부모와 건강하게 연합되고, 결혼 후 부부로 연합되어 살아가는 것은 생존의 보증수표다. 어떤 인생의 풍랑에도 흔들리지 않는 힘이다!"

남편과 아내가 연합되면, 우울증을 벗어날 수 있다. 정신건강의학과 의사인 나는 우울증상을 보이는 많은 부부에게 항우울제를 먼저 처방하지 않는다. 부부 관계가 연합되면 외롭지 않다. 다가가서 위로하면 이겨낼 힘을 얻는다. '배가 불러서 우울하다'면서 연합하지 않고 방치하면 그 감정에서 절대 벗어날 수 없다. 우울한 배우자에게 연합하면 '위로'라는 새로운 감정을 경험한다. 이렇게 다른 감정으로 경험될 때 우울증은 벗어날 수 있다.

자살 충동을 느끼는 사람을 자살에서 벗어나게 하려면 고통스러운 그의 마음에 다가가야 한다. 그 마음을 충분히 이해해 주어야 한다. 이혼하고 싶은 배우자의 마음을 돌리려면 이혼하고 싶어 하는 이유를 알고 그 마음이 풀려야 되돌릴 수 있다. TV를 보다가 눈이 보이지 않는 남편이 걷지 못하는 아내를 업고, 아내의 지시에 따라 안전하게 걸어가는 모습을 본 적이 있다. 부부연합은 이렇듯 서로의 부족한 부분을 채워 줄 수 있다. 이와 같이 실명과 보행 장애를 극복하는 장면을 보면서 감동을 받았다. 이것이 연합의 힘이고 '부부 효과'다. 부부의 연합은 나약하고 부족한 인간이 삶의 힘든 상황을 극복하게 해 주는 가장 소중한 무기다.

연합의 욕구는 하나님의 선물이다

혼자 사는 것이 좋지 않은 인간은 본능적으로 연합을 향한 욕구를 가지고 있다. 아이가 부모와, 남편과 아내가 아이와 배우자에게 연합하고 싶은 마음은 인간이 지닌 건강한 욕구다. 하나님의 형상으로 태어난 인간은 쉽게 죄를 저지를 수 있는 흠 있고 나약한 존재다. 그래서 자신이 힘들 때는 언제든지 누군가를 통해 위로를 받고 싶어 한다. 요람에서 무덤까지 이러한 욕구는 지속된다. 이와 같은 건강한 반응을 그동안은 나약하고 문제가 되는 행동으로 여겼다. 힘든 순간 누군가에게 기대어 힘을 내는 도약대가 되는 연합은 진정한 독립을 이룰 수 있는 밑거름이 된다. 혼자 있는 인간을 보시고 하나님이 주신 소중한 선물은 연합의 대상이다.

어린아이는 부모를 가까이 두려고 발버둥을 친다. 부모가 곁에 없으면 생존에 위험이 따르기 때문이다. 배고픔을 해결하지 못하고 질병에 걸려서 죽을 수도 있다. 이렇듯 인간은 소중한 사람을 곁에 두고 싶어 한다. 이를 인간의 기본 욕구인 '친밀감을 향한 욕구'라고 부른다. 다른 말로 '애착 욕구'라고도 한다.

신앙적으로 말하면 '연합의 욕구'다. 인간은 의미 있는 순간에 함께하고 싶은 사람을 자동적으로 떠올린다. 힘들 때 뿐 아니라 기쁠 때도 마찬가지다. 부당한 일을 당하고 우울하고 상처 받았을 때는 물론이고 어려운 시험에 합격하고 회사에서 승진하고 경사스러운 일이 발생해도 소중한 사람에게 달려간다. 힘든 순간이든 승리의 순간이든 소중한 누군가와 연합하기만 하면 삶의 의미가 달라진다. 힘든 순간은 이겨낼 수 있다는 자신감으로 채워지고 승리의 순간은 그 가치가 상승한다. 그 순간에 연합의 대상이 자기 편이 되어 주면 세상은 살만한 가치를 갖게 된다.

연합은 사랑이다

연합이 사랑이다. 사랑은 연합할 때 느낄 수 있다. 조언과 충고가 아니라 다가가서 함께 있어 주는 것이 먼저다. 연합되어 신뢰가 충분할 때 비로소 상대방의 충고가 긍정적으로 들린다. 부족한 부분을 고치라고 야단을 치기보다는 부족한 부분을 이해하고 함께하는 것이다. 필자는 아들에 대한 가슴 아픈 기억이 하나 있다. 아들이 여덟 살 때로 기억한다. 사람이 많은 곳에서 칭얼거리며 아이스크림을 사 달라고 조른 아이에게 천원을 주었다. 그런데 아이스크림을 사러간 아이가 주문을 못하고 주저하며 자신 없는 행동을 했다. 당시 화가 난 나는 아이를 큰 소리로 야단쳤다. “야, 그것도 하나 자신 있게 못 사냐?”

당황하던 아들에게 나의 화와 짜증이 생생하게 전달되었다. 다행히 아들은 잘 자라 주었고 대학을 갔다. 대학 합격 후 축하 가족 회식 자리에서 당시 나의 생생한 기억을 들려주었다. 아들도 어렴풋이 기억하고 있었다. "아빠 난 정말 아무렇지 않아요."

하지만 나는 사과했다. "아무렇지 않다고 말해 줘서 고마워. 하지만 아빠는 아니야. 아빠도 가족부부 상담을 배우고 감정을 이해하고 보니까 알게 됐어. 그땐 정말 잘 몰랐어. 사실 그날 네가 아이스크림을 사지 못하고 힘들어 할 때, 아빠가 그런 식으로 고함을 치면 안 되는 거였어. 힘들어 하는 네 손을 잡고 가서 아이스크림은 이런 식으로 사는 것이라고 설명해 주었어야 했어. 그때 생각하면 미안한 마음이야. 늘 이 마음을 전하고 싶었어. 그때 미안했다, 아들!"

아이스크림을 사는 데 두려워하는 아들의 마음에 다가가서 연합을 해야 하는 것이 맞다. 약한 자녀의 모습을 보고 많은 아버지가 강해지라고 오히려 화를 내고 핀잔을 준다. 취약한 상황에 처한 자녀에게 화내고 비난하면 그 두려움은 더 커진다. 두려워하고 힘들어 할 때 아버지가 권위로 누르거나 화를 내면 강해지기보다 더 위축된다. 과거 가부장적인 집안 분위기의 아버지는 늘 화를 내고 야단을 치는 사람이었다. 작은 실수에도 분노했다. 그것이 자녀를 나약하고 자신감 없게 만들어 버리는지 몰랐다.

아내도 나에게 당부했다. 자신이 힘들고 부족할 때 조금만 이해해 주면 그것을 극복해 갈 수 있다고 했다. 아프고 힘들어서 울고 있을 때 조용히 다가가 안아 주면 된다. 사랑은 함께 있어 주는 것이다. 일이 바쁘거나 출장을 가서 함께 있어 주기 힘들 때는 그렇게 하지 못하는 미안한 마음을 아내에게 전하면 된다. 회사 일을 처리해 줄 수 없지만 노력하고 있는 남편의 마음을 아내가 알아 줄 때, 남편은 힘을 낼 수 있다. 서로의 마음에 다가가서 위로하면 그 시간을 이겨 낼 수 있다. 시댁에서 힘들어 하는 아내의 마음, 질병으로 고통받을 때 그 아픈 마음에 함께 있어 주면, 정신적 신체적 회복은 의외로 쉽다. 연합은 면역력을 높여서 자연 치유력을 갖게 한다. 고치려고 야단을 치기보다 힘들어 하는 마음에 다가가서 함께 삶을 걸으면 더욱 빨리 단점을 고칠 수 있다. 건강한 연합이 치유이고 살아갈 힘을 제공한다.

싸움은 연합이 깨질 때 발생한다

부부 싸움은 연합이 깨지면서 일어난다. 위로와 함께해 줄 것을 기대했는데 외면을 당하면 싸움이 시작된다. 시부모가 힘들게 하거나, 시험에 낙방하고, 질병에 걸린 상황 자체가 부부 싸움을 유발하지 않는다. 그럴 때 오히려 그 마음에 연합하면 관계도 좋아지고 낙담의 마음에서 쉽게 벗어날 수 있다. 싸움은 그런 상황에 처한 배우자에게 다가가서 연합하지 못할 때 시작된다. 기억해야 할 것이 있다. 연합된 부부는 배우자가 시부모와 처가 문제로 힘들어 하고, 어려운 일을 당할 때 오히려 사랑이 확인된다. 자기편이라는 느낌을 주어서 그 상황을 긍정적으로 극복할 수 있게 만든다. '연합하라'

는 하나님의 말씀이 부부 사랑의 본질임을 깨닫게 된다.

혼자 겪는 고독보다는 함께 있을 때 외면받아서 겪어야 하는 고독이 더 외롭다. 연합되지 못할 때 고통은 배가 된다. 부부 상담을 받는 남편과 아내가 다음과 같이 말했다. "결혼 전 혼자 있을 때 갑자기 찾아오는 외로움은 책이나 영화를 보거나, 친구와 맛있는 것을 먹고 얘기하면서 해결했어요. 결혼 후 남편하고 대화가 안 되고 친밀하지 못해서 생긴 이 외로움은 무엇으로도 해결이 되지 않아요. 책을 보고 영화를 봐도 외로워요. 아이들하고 놀면서도 힘들고 친구도 만나기 싫어요. 혼자보다 누군가 함께 있으면서 오는 외로움이 더 고통스러워요."

"결혼 전에 저는 외로움이라는 말조차 몰랐어요. 그냥 혼자 있는 거였어요. 결혼하고 나서 아내와 싸우고 힘든 생활을 하다보니까 저도 힘들고 외롭다는 마음이 생겨요. 일하는 것도 힘들고 억울한 마음에 출근길에 눈물이 나고 돌아가신 아버지도 떠오르네요. 내가 나약해 지는 것 같아요."

사랑으로 연합될 때, 그 힘으로 독립할 수 있다. 부모와 배우자에게 연합된 사람은 그를 도약판 삼아서 멀리 떠날 수 있다. 소중한 사람과는 떠남이 먼저가 아니라 연합이 먼저여야 한다. 하나님은 결혼 전에는 부모와 연합하고 결혼 후 떠나라고 했다. 부부도 마찬가지다. 먼저 연합하라고 했다. 그럴 때 떠나서 혼자 있는 것을 견딜 수 있다. 부모와 연합된 자녀가 독립하여 떠날 수 있듯이 결혼하면 부부는 먼저 연합을 해야 한다. 그럴 때 비로소 각자의 개성과 욕구를 들어줄 수 있다. 비로소 혼자 있는 것을 허락해 줄 수 있다. 남자는 아내의 마음을 피하지 말고 먼저 다가가서 연합해야 한다. 연합되어 남자가 아닌 남편으로 아내를 대할 때 남자가 혼자 있고 싶어 하는 공간이 허용된다는 사실을 잊지 말아야 한다. 연합이 떠남보다 항상 먼저다. 떠남의 전제 조건이 연합임을 알아야 한다. 연합되지 않은 채 홀로 있는 것은 인간에게 상처다.

연합(친밀감)의 욕구

남편은 아내와 결혼하면 평생 행복할 수 있을 것이라 생각했다. 연애 시절에는 헤어지는 것이 아쉬워서 서로 몇 번씩 뒤돌아보면 먼저 들어가라고 손짓을 한다. 떨어지기 싫었다. 하루 빨리 살림을 합쳐서 아침에 함께 눈을 뜨고 싶었다. 하지만 결혼 7년째, 하루하루가 전쟁터로 변했다. 시댁 갈등, 자녀 양육, 경제 갈등, 성격 차이는 물론이거니와 무엇 하나도 그냥 넘어가는 법이 없다. 저녁 늦게 회식 뿐 아니라 일을 하고 있어도 아내는 남편에게 전화를 해서 화를 낸다. 서운함이 점점 커져간다. 부부는 서로 배우자가 자신의 마음을 전혀 몰라 준다는 느낌 때문에 화가 난다. 배우자가 조금이라도 나를 건드리면 즉각적으로 타격한다. 마치 공격하기를 기다리는 맹수와 같다. 이전에 있었던 따스함은 찾아 볼 수 없다.

남편은 이제 퇴근해서 집에 들어가는 것이 두렵다. 그래서 점차 귀가 시간을 늦추고 있다. 그러면 부부가 싸우는 일이 줄어들 것이라 생각한다. 아내는 멀어지는 남편에게 화가 난다. 나라도 표현을 해야 남남이 되지 않을 것이라 생각한다. 그래서 남편이 집에 들어올 시간을 기다리며 칼을 갈고 있다. 회복하기 위해서 공격하는 아내와 싸우지 않기 위해서 피하는 남편! 관계를 고치기 위해서 노력하는 부부의 의도와는 정반대로 관계는 악화되어 간다. 이렇게 살기 싫은데 이미 골은 깊어져 버렸다. 연애 때 성격이 서로 맞는다고 생각했는데 이제는 성격이 완전 다른 사람처럼 느껴진다.

미국의 심리학자 할로우 박사의 유명한 실험이 있다. 새끼 원숭이에게 어미 원숭이 인형 두 개를 만들어 주고 반응을 살폈다. 하나는 철사로 만든 원숭이로 먹이를 공급해 주는 우유병이 달려 있었다. 다른 하나는 천으로 된 어미 원숭이 모형으로 부드러움과 편안함을 제공하지만 음식은 공급하지 않았다. 새끼 원숭이는 먼저 철사 원숭이에게 다가가서 식욕을 채우고는 곧바로 천으로 만든 어미 원숭이에게로 향한다. 하루 열여덟 시간 동안 천 원숭이에게 달려가 몸을 비비며 기대고 놀았다. 새끼 원숭이는 먹이보다는 정서적 친밀감이 더 필요했던 것이다. 어린 시절에 부모로부터 받는 애정이 얼마나 중요한지를 보여 주는 실험이다. 보울비는 아동기에 부모의 사랑을 받지 못하여 애정 결핍으로 고통받은 자녀가 부모가 되면, 자기 자신을 결핍으로 이끌었던 상황을 똑같이 재현하는 경향을 보인다고 말한다. 소중한 사람과의 친밀감이 얼마나 중요한지를 알 수 있다.

가족은 생존의 보증수표

그렇다면 인간이 친밀한 대상을 곁에 두고 싶어 하는 이유가 무엇일까? 인간은 자신을 이해해 주고 사랑해 주는 누군가를 늘 곁에 두려한다. 아이도 어머니를 가까이 두기 위해서 웃기도 하지만 짜증과 화를 내거나 울기도 한다. 정치가도 뜻이 맞고 자신을 좋아하는 사람과 당을 조직한다. 사업 할 때도 자신과 마음이 통하는 사람과 동업을 한다. 왜 그럴까?

전문가들은 이러한 행동을 '생존을 위한 가장 우수한 전략'이라고 한다. 자신을 좋아하고 호감을 갖는 사람을 곁에 두어야 오랫동안 생존할 수 있다는 것이다. 아이는 어머니가 곁에 있어야 생존할 수 있다. 전쟁에서 생존한 군인을 살펴본 결과 혼자 살아남을 확률보다는 전우가 있을 때 더 많은 귀환이 이루어졌다고 한다. 여럿이 모여 다니면 적에게 노출되기 쉬워서 총탄에 맞아 사망할 확률이 높을 수 있지 않겠는가? 그런데 결과는 혼자보다는 서로 의지할 수 있는 전우가 있을 때 살아남을 가능성이 높다.

생명이 길어지려면 뜻이 맞는 사람과 함께해야 한다. 1864년 서부 개척민 여든 명이 산맥을 넘다가 도너계곡에 눈보라가 몰아쳐

갇혔다고 한다. 이듬해 구조되었을 때, 독신 청년 15명 중 3명만 생존했으나 가족이 함께 있었던 경우 노약자와 어린이를 포함해 60퍼센트가 생존했다고 한다. 이를 두고 인류학자들은 '가족은 생존의 보증수표'라고 했다.

인간에게는 죽을 때까지 충족되어야 할 '기본 욕구'가 있다. 이에 해당되는 것이 수면욕과 식욕이 될 것이다. 기본 욕구가 갖는 의미는 크다. 먼저 기본 욕구가 충족되지 않으면 인간은 죽게 된다. 그리고 이는 필요할 때마다 반복적으로 충족되어야 한다. 잠을 푹 자고, 허기져서 밥을 많이 먹었더라도 다음에 졸리거나 배고프면 그 때마다 다시 충족되어야 한다. 이렇듯 중요한 기본 욕구 중의 하나로 '친밀감에 대한 욕구'가 있다. 친밀한 대상을 곁에 두고 싶은 욕구도 인간의 기본 욕구이며 살아 숨 쉬는 동안은 충족되어야 한다. 어릴 때는 부모, 결혼하면 배우자가 친밀감을 충족시켜 줄 대상이다. 소중한 사람에게 의존하고 위로를 받는 것은 인간에게 가장 기본적으로 채워져야 할 욕구이며, 아이들에게 필요한 것만이 아니다. 나이가 들어도 언제나 따뜻한 대상은 필요하다. 즉 요람에서 무덤까지 필요한 것이다.

아담이 독처하는 모습에 마음 아파하던 하나님께서 하와를 배우자로 붙여 주신 것도 바로 이러한 이유일 것이다. 친밀한 대상이 곁에 있을 때 더 이상 세상은 두렵지 않다. 피조물인 인간이 소중한 대상인 하나님과의 관계를 떠나면 두려움을 피할 수 없다. 피조물로 불완전한 인간은 하나님과의 친밀감이 회복될 때, 세상의 위협과 두려움에서 벗어날 수 있다. 인간관계에서도 내 편이 되어 줄 친밀한 대상이 곁에 있으면 힘을 낼 수 있고 안전감을 느끼며 살아 갈 수 있다. 친밀감을 충족시켜 줘야 할 대상으로부터 배신과 비난을 받아 욕구가 좌절되면 죽고 싶을 정도로 고통이 따른다. 기본 욕구가 좌절되면 생존하기 어렵기 때문이다.

전문가들은 결혼의 이유를 친밀감의 욕구를 충족하기 위함이라고 말한다. 한평생 행복하게 살기 위해 본능적으로 선택한 사람이 배우자라는 것이다. 기본 욕구인 '친밀감의 욕구'도 평생 동안 반복해서 채워져야 한다. 연애 시절은 물론 결혼해서도 적극적으로 위로하고 애정을 표현해야 한다. 잡은 물고기에 먹이 주지 않는다는 말이 얼마나 위험한 발언인지 아는가. 특히 힘들고 고통을 받을 때 친밀감의 대상이 주는 위로는 더욱 소중하다.

고통받거나 힘들 때, 친밀감의 대상인 배우자에게 의존하게 되는 것은 건강한 반응이다. 회사에서 치이고, 육아로 지칠 때, 다른 사람에게 비난을 받거나 모욕을 당할 때, 시어머니와 갈등이 있을 때, 경제적인 어려움이 닥칠 때, 외로울 때, 아플 때, 우울할 때, 친밀감의 대상인 배우자를 떠올리는 것은 건강하고 자연스러운 인간의 행동이다. 그럴 때 배우자가 그 마음에 다가가서 위로하면, 상대 배우자는 안정을 되찾고 친밀감은 강해진다. 물론 자신의 일에 다시 몰두할 수 있다.

기본 욕구가 충족되지 않으면 부정적인 감정이 쉽게 올라온다. 배가 고프거나 잠을 못자면 화가 나거나 짜증이 난다. 친밀감에 대한 욕구를 충족해줘야 할 배우자가 오히려 비난하거나 외면하면, 화가 난다. 자신이 외롭고 힘들 때, 배우자가 한편이 되어 주지 않고 비난하거나 외면하면, 화를 내고 공격한다. 그래서 부부 싸움은 '친밀감을 유지하기 위한 투쟁'이다. 친밀감을 획득하면 싸움은 멈추게 된다.

하지만 친밀감이 사라지면 그것을 다시 회복하기 위해서 사소한 일에도 싸움이 일어난다. 배우자의 회식 자리에 쉴 새 없이 전화를 하는 것도 이러한 맥락에서 보면 이해하기 쉬워진다. 친구와 술을 마시는 남편이 밤이 늦도록 시간을 보낸다. 하지만 자신과 대화할 때 5분도 안되어 졸고 있으면, 남편에게 자신이 소중하다는 느낌이 없다. 즉 친밀하다는 느낌이 사라진다. 친밀감이 형성되어 부부연합이 이루어지면, 회식 장소에 전화해서 다그칠 필요가 없다. 친밀감이 형성되면 떨어져 있더라도 나를 소중하게 생각한다는 연결감이 있기 때문에 전화해서 일일이 확인하고 화를 낼 필요가 없다.

지금 배우자가 당신에게 사랑하느냐고 묻고 있지는 않는가? 만일 그렇다면 배우자는 당신에게 소중하다는 느낌을 받지 못한다고 말하는 것이다. 부부가 연합하여 친밀감이 회복되면, 배우자를 괴롭히지 않는다. 연합은 상대방과 함께 되는 것이다. 물리학에는 '공명'이라는 용어가 있다. 두 가지 다른 요소가 진동을 하다가 갑자기 하나의 신호로 일치되어 새로운 조화를 이루는 현상을 말한다. 서로 다른 두 사람이 만나서 갈등을 겪고 불협화음을 내다가 어느 순간 공명이 될 수 있다. 이것이 연합이다.

한 배우자가 상대 배우자에게 연합할 때 공명이 일어난다. 하나라는 느낌이 든다. 이때 친밀감이 생기고 배우자의 욕구를 들어 줄 수 있는 여유가 생겨난다. 배우자가 외롭고 힘들다고 하면, 그 마음에 다가가서 함께한다. '당신 힘들고 외롭겠다'고 말한다. 시어머니로 인하여 힘들다고 하면, '어머니 때문에 힘들겠다'고 다가가는 것을 말한다. '어머니가 그런 뜻으로 한 것이 아니야'라고 하면, 어머니와 연합된 것이다. 친밀감의 욕구를 충복시켜 주어야 할 대상인 배우자와 연합되면, 주변 사람과의 관계는 저절로 좋아진다. 부모와 관계가 좋은 자녀가 친구와도 원만하게 지낸다. 부부 관계가 좋아지면 시어머니와 자녀들과의 관계가 회복된다. 이것이 친밀감이 갖는 힘이다. 부부가 살아야 가정이 산다!

▶▷ 생각 바꾸기

나와 같은 성격을 가진 사람은 이 세상에 단 한 명도 없다. 평소 배려하여 친밀감을 느끼면, 부부는 서로 성격이 비슷하다고 느낀다. 하지만 친밀감이 떨어지면, 서로 완전히 다른 사람이라 느끼고 갈등을 겪는다. 성격 차이가 갈등을 만드는 것이 아니고, 부부 갈등이 성격 차이를 더 크게 느끼게 만든다. 부부 갈등은 정서적 친밀감이 부족할 때, 부부 관계에 비집고 들어온다. 부부가 싸우는 이유는 친밀감을 더 느끼기 위한 욕구에서 비롯된다는 것을 알아야 한다. 지금 서로 사소한 일에 짜증을 내거나 만나면 다투고 있는가? 그렇다면 배우자의 성격이 못된 것이 아니라 친밀감이 사라졌기 때문이다. 부부가 배우자의 말에 귀를 기울이면, 친밀감은 다시 형성된다. 친밀감에 대한 욕구도 반복해서 채워져야 한다는 사실을 기억하라. 연애 시절만 애정 표현이 필요한 것이 아니다. 생을 마감할 때까지 배우자와 사랑의 감정을 교환해야 한다. 잡은 물고기에게 끊임없이 먹이를 주는 것이 필요하다.

▶▷ 실천하기

- 무엇보다 부부가 우선임을 기억하고 연합하기를 힘쓴다. 집안에 벌어지는 모든 일은 남편(아내)과 함께 상의하고 결정한다.
- 남편(아내)이 함께 부모와 떠남, 부부의 연합 정도를 10점 만점 기준으로 점수를 매긴다. 평가 내용은 육체적, 정서적, 경제적인

부분으로 나눈다. 부부 연합의 정도는 8단계의 부부연합척도를 참고한다.

▶▷ 기도하기

"결혼으로 이제 부모를 떠나 남편(아내)과 연합하겠습니다. 남은 삶은 제가 남편(아내)임을 기억하고 역할에 충실하겠습니다. 사랑하는 남편(아내)과 함께 양가 부모님을 섬기고 자녀를 건강하게 양육하게 하소서."

당신을 내 편으로 만드는 4단계

Step 4

남편과 아내가 아니라, 남자와 아내가 싸운다

불화는 연합의 실패

Question "소장님, 전 그냥 남편과 저녁 시간을 함께 보내길 원하는 것 뿐이에요. 이게 그렇게 욕심인가요?"

연애할 땐 분명 그렇지 않았는데 결혼 이후 남편은 다른 사람이 된 것만 같아요. 회피하고 일 중심적이고 자유롭게 친구들을 만나고 자기 시간을 갖기만 해요. 반면 전 집안일에 남편 뒷바라지에 시댁 챙기기까지 늘 종종걸음으로 하루를 보내요. 남편에게 같이 저녁이라도 먹고 싶다고 말했다가 괜히 싸움만 하게 됐어요. 전 결혼해서 아내가 됐는데, 그 사람은 여전히 남편이 아닌 남자로 살고 있어요. 남편이 없는 것만 같아서 너무 우울해요.

부부 불화의 가장 많은 이유가 결혼하면 남자는 그대로 남자로 머물러 있고, 여자는 바로 아내가 되기 때문에 발생한다. 남자인 아담은 남자로 창조되었고, 여자인 하와는 아내로 지어졌다. 세상에 혼자 존재하던 남자와 돕는 배필로 시작된 아내는 출발부터 달랐다. 남녀의 창조과정이 달라서 갈등이 생긴다. 연합 과정에서 갈등을 겪으면 남자는 혼자 있는 회피적으로 남자로 돌아가고, 여자는 관계에 다가가서 유대감을 더욱 강화하려는 아내가 된다. 남자에게 하나님은 일을 우선적인 사명으로 주셨고, 여자는 관계성을 중심으로 하는 피조물로 창조되었다. 결국 부부 불화는 남자가 남편이 되어 아내와 연합할 때 비로소 사라진다. 불화는 연합되지 못했을 때 배우자에게 보이는 항의다.

부부 싸움은 남자와 아내의 싸움

창세기 2장 24절을 묵상하면서 어느 날 보이지 않던 두 단어가 강하게 눈과 마음에 들어왔다. "남자와 아내!"가 그것이다.

하나님은 결혼하는 첫 부부에게 "남자가 아내와 연합" 하라고 하셨다. 이전에는 아무런 생각 없이 흘려보냈던 내용이다. 이상했다. 부부가 세워지는 과정에서 의문이 생겼다. 왜 하나님은 '남자와 여자', 혹은 '남편과 아내'가 아닌 '남자와 아내'의 연합이라고 말씀하셨을까? 두 단어를 묵상하며 부부와 결혼에 대해서 아주 많은 이해가 생겼다. 남녀의 창조와 성경적인 결혼 원리를 생각하는 계기가 되었다.

결혼은 남자와 아내의 연합이다. 2천 쌍 이상의 부부를 만나면서 부부가 아닌 '남자와 아내'가 싸우고 있다는 사실을 알게 됐다. 왜 그럴까? 결혼을 해도 남자는 바로 남편이 되지 않는다. 남자는 총각 때의 남자 속성을 유지한다. 하지만 여자는 결혼하면 아내가 된다. 남자는 결혼 전에 만났던 친구를 계속 만나고 취미활동을 유지하려 하고, 밤 늦게까지 술을 마시고, 하던 행동패턴을 유지한다. 어느 남편은 친구들과 일 년에 두 번 외국 여행을 갔다. 그런데 결혼 후 아내가 그것을 싫어하는데도 불구하고 스트레스를 풀어야 된다면서 유지한 경우도 있다. 결혼을 했지만 이전의 활동을 크게 줄이지 않으려 한다. 친구들과 저녁 늦게까지 당구를 치면서도 아내에게 미안함을 느끼지 못한다. 오히려 자신의 행동을 이해해 주지 않고 구속하는 아내를 원망한다. 결혼하면서 친구보다 아내인 자신과 시간을 보내 달라는 말에 역으로 남자는 억울해 한다. 아내가 자신을 구속하기 위해서 결혼한 것만 같다. 결혼한 것이 자꾸 부담이고 후회스럽다.

"결혼하고 당신 때문에 다른 사람과의 관계가 다 끊어졌어! 왜 친구도 만나지 못하게 하고, 술도 마음대로 못 마시게 하는 거야! 당신도 혼자 다른 친구 만나서 늦게까지 술 마셔! 왜 나만 보고 있어. 난 당신이 친구를 만나건 취미생활을 하건 괜찮아. 제발 나만 구속하지 마! 당신의 그런 집착이 너무 부담스러워! 나 좀 내버려 둬."

남자는 이전에 자신이 하던 취미와 만남, 습관을 줄이는 것을 큰 희생으로 생각한다. 결혼이 자신을 통제한다고 느낀다. 그래서 남자는 답답하다.

그렇다면 결혼한 여자는 어떤가? 여자는 바로 부부 모드에 돌입한다. 곧바로 아내가 된다. 그래서 남편이 곁에서 자기와 함께 있어 줄 것을 요구한다. 남편이 가정에 중심을 두고 결혼 전의 행동을 멈추는 일은 아내에게 당연한 일이다. 남편이 집에 빨리 들어와서 함께 있어 주기를 원하고 남편이 자기를 외면하고 혼자 두면 화가 나고 외롭다. 남편과의 관계가 회복되지 않으면 답답하다. 하지만 남자는 아내와 함께하지 않는다고 해서 자신이 외롭다고 느끼지 않는다. 오히려 빨리 들어오라며 화를 내는 아내가 원망스럽고 짜증난다. 남자에게 그것이 더 고통스럽다. 아내는 남편의 행동을 이해할 수 없고 남편은 결혼해서 변한 아내의 태도에 답답하다.

"이럴 거면 당신이 왜 나와 결혼을 했는지 모르겠어. 그냥 결혼하지 않고 혼자 살면 나를 이렇게 고통스럽게 만들지 않았을 거 아냐. 당신은 결혼하면서 변한 게 있어? 내가 저녁에 함께 보낼 시간을 내 달라는 말이 잘못된 거야. 나와 함께 있고 얘기를 하자는 게 그렇게 싫어? 왜 자꾸 혼자 있으려 하는지 모르겠어. 친구들이 소중한지 내가 소중한지 묻고 싶어. 나는 분명 결혼한 것이 사실인데, 남편이 없는 것 같아."

아내는 남편이 자신과 함께하지 않는 것에 고통스럽다. 남자는 아내의 늘 함께 있어 달라는 요구에 괴로워한다. 아내는 자기에게 남편으로 다가오지 않고 이전의 생활태도를 고수하며 남자이기를 고집하는 배우자에게 상처를 받는다. 자신과 연합을 시도하지 않는 남편에게 분노한다.

남자와 아내로 시작한 인류

창세기 2장은 인류 최초의 부부 탄생 과정을 보여 준다. 하나님은 남자를 먼저 창조하고 이후 여자를 창조하셨다. 둘의 창조 과정은 완전히 달랐다. 아담은 남자로 창조되었다. 혼자 있는 상태였다. 에덴동산에서 오직 혼자만의 시간을 보내고 있었다. 하지만 하와는 아내로 창조되었다. 하와는 '돕는 배필'로 관계성을 가진 상태로 출발했다. 하와는 아내였다. 이렇게 인류는 남자와 아내로 출발하게 된다.

하나님은 에덴동산에 혼자였던 남자 아담에게 개인, 즉 혼자 해결하는 속성을 더 많이 주었다. 남자인 아담에게는 혼자 처리하는 일을 사명으로 주었다. 창세기 2장 15절을 보면 하나님은 아담을 이끌어 에덴동산을 경작하고 지키게 하셨다. 2장 19절과 20절에는 들짐승과 새를 만들고 그들에게 이름을 짓게 하셨다. 에덴동산을 가꾸고 지키며 실과의 이름을 짓는 일이 우선이었다. 관계보다는 일이 우선이었다. 정서적인 부분보다는 혼자 판단하고 해결하는 일 중심의 역할이 주어졌다. 이에 반해 여자 하와에게는 관계성이 훨씬 많다.

하와는 출발 자체가 혼자가 아니었다. 남자는 흙을 빚어서 창조되었지만 여자는 아담의 갈비뼈, 즉 남자라는 관계의 일부에서 창조되었다. 여자에게서 관계 호르몬이 더 많이 분비된다. 하와는 누군가를 '돕는다'라는 관계성이 우선이었다. 인류는 혼자 탄생된 남자와 관계로부터 창조된 아내로 출발한다. 그래서 아담과 하와가 자신의 기본 속성인 남자와 아내의 갈등은 필수적이라 볼 수 있다. 현재 저자의 연구소를 찾아오는 많은 부부가 이런 갈등으로 찾아온다. 부부 갈등의 핵심 역시 남자와 아내의 싸움이다. 남자들이 하는 말이다.

"저를 좀 내버려 두면 좋겠어요. 전 열심히 일하고 누구보다 성실

해요. 이 이상 어떻게 더 잘해요? 그런데 아내는 저보고 공감 능력이 부족하고 자신과 함께 있어 주지 않는다고 화를 내요? 아주 나를 볶아요. 집에 나를 가두려 해요. 차라리 직장에서 지내는 것이 맘 편해요. 전 화가 나도 아내에게 말 하지 않아요. 혼자 삭혀요. 결혼하면서 내 삶은 없어졌어요. 내가 불평하면 관계만 나빠지고 골치가 아파서 그냥 혼자 있는 것이 편해요."

아내들이 하는 말이다.

"저는 남편에게 성실하지 않다고 말한 적 없어요. 아니 다른 남자보다 열심히 일해요. 그것은 인정하고 남편에게 말도 했어요. 그래서 어쩌자는 건지 모르겠어요. 남편은 총각 때도 성실했어요. 그것을 보고 결혼할 마음이 있었어요. 이제 혼자가 아니잖아요. 저는 남편하고 함께 행복하게 살고 싶어서 결혼했어요. 그런데 자기를 내버려 두래요. 남편을 도와주고 싶어도 나에게 다가와야 도와줄 텐데. 도와줄 대상이 내 앞에 없어요. 남편은 여전히 내버려 두기만 바라네요. 남편은 결혼하지 말았어야 될 사람이에요."

갈등 해결 방식이 다른 남녀

갈등이 생기면 남자는 혼자 있으려한다. 혹자는 이를 두고 남자가 동굴로 들어간다고도 표현한다. 엄밀하게 말하면 남자의 창조적 속성으로 돌아가는 것이다. 갈등이 생기면 남자는 아내에게 '그만 두라'고 고함치면서 회피한다. 갈등이 있으면 남자는 관계로부터 멀어져서 혼자 있으려 한다.

하지만 여자는 다르다. 갈등이 있으면 관계에 몰두한다. 더욱 대화하기를 원하기에 다가간다. 아내는 "얘기 좀 해!"라는 말을 강하게 하고, 남편은 이 말을 세상에서 가장 무서워한다. 그래서 남자는 아내가 가장 싫어하는 "그만 좀 해!"라는 말을 뱉고 만다. 남자는 그냥 내버려 두면 갈등이 사라진 것처럼 느낀다. 아내가 공격하면 할수록 남편은 회피하고, 이때 아내는 다가가서 공격한다. 회피와 공격이라는 부정적인 고리에 갇힌다. 혼자 있으려는 성향의 남자와 함께 있으려는 성향의 아내가 강하게 부딪히게 된다.

이러한 현상을 정서중심적 부부치료로 만든 오타와대학의 심리학과 수전존슨 교수는 '몰두형부인 회피형남편 증후군'이라고 불렀다. 갈등이 있으면 아내는 관계에 더 몰두하고, 남편은 관계에서 점점 멀어져서 회피한다. 남자는 전날 심하게 싸우고 한숨자고 나면 갈등이 사라졌다고 느낀다. 갈등에서 약간의 시간이 멀어졌기 때문에 해결이 되었다고 여긴다. 갈등의 해결보다는 회피적인 전략으로 대처한다. 갈등에서 한숨을 돌리고 떠나 있으면 남자는 다시 살아난다. 새벽에 아내에게 아무렇지 않게 다가간다. 새벽에 아내는 남편의 손을 뿌리친다. 남자는 자신이 외면했던 그 저녁에 아내가 죽어가고 있었다는 사실은 잘 모른다.

하나님은 남자에게 아내와 연합하라고 말씀하셨다. 남자가 다가가면 아내는 이에 쉽게 반응하고 감동을 받고 연합한다. 남자가 연합하기 위해서 다가가면, 아내는 바로 응답한다. 그토록 기다리던 남편을 아내는 두 팔 벌려 맞이하며 환영한다. 그래서 하나님은 개인 속성이 강한 남자에게 먼저 연합하여 다가갈 것을 강조한다. 연합이 있어야 남자가 혼자 있고 싶은 속성을 기다려 줄 여유가 생긴다. 역시 연합이 먼저다. 그래서 연합이 되면 남편이 큰 위로를 받는다. 남편이 매일 새로운 경험을 하게 된다.

남자가 남편이 되기 위해서 아내가 알아야 할 부분 역시 있다. 부부상담의 관점에서 '돕는 배필'이란 남자가 아내와 연합하여 남편이 될 수 있게 돕는 것이다. 그렇게 하려면 먼저 남자의 속성을 이해해야 한다. 관계성이 뛰어난 아내와 달리 남자는 공감 능력이 떨어진다. 일하고 해결하는 데 익숙한 남자가 정서적으로 다가가는 것이 쉽지 않다. 그래서 아내는 다그치기보다는 부드럽게 말해야 한다. 아내가 공격하면 남자는 회피한다. 아내의 공격은 남자가 도망가는 빌미를 제공한다.

또한 남자가 하고 있는 일을 인정하고 칭찬하는 것이 중요하다. 일의 속성이 강한 남자는 자신이 한 일을 인정해 주는 사람에게 다가가는 것이 쉽다. 자신이 하는 일을 인정해 주면 아내가 화가 풀렸다는 지표로 삼는다. 그래야 배우자에게 다가갈 용기를 얻는 것이 남자의 속성의 일부다. 갈등이 생기면 남편은 아내에게 다가가기보다는 다른 행위, 즉 일로 접근한다. 아내 눈치를 보면서 책장을 정리하거나 진공청소기를 돌리기도 한다. 퇴근 시간을 앞당기기도

한다. 아내와 갈등이 생기면 일이 힘들다거나 회사에서 고통을 받고 있다고 말을 하기도 한다. 남자는 자신이 한 일을 먼저 내세우면서 갈등을 풀려고 한다. 이때 아내가 그것에 반응하면 조금씩 아내에게 다가갈 용기를 얻는다.

아내의 "나 사랑해?"라는 물음에 대부분의 남자는 "나 열심히 일하고 있잖아"라는 식으로 반응한다. 물론 남편이 알아야 할 것이 있다. 공격하는 아내에게 남편이 용기 내어 다가가면 공격이 줄어든다. 연합은 남자의 용기 있는 접근과 아내의 부드러운 반응이 어우러질 때 쉽게 이루어질 수 있다. 남편이 아내에게 다가가고 아내가 남편을 인정해 주는 것이 이래서 필요한 것이다. 하나님께서 남자와 아내로 창조한 원리가 여기에 있다.

남자의 일과 아내의 관계의 원리

하나님은 아담에게 일을 먼저 하게 하셨다. 여자보다 강한 근육과 건장한 골격을 남자에게 허락했다. 일에 적합한 몸과 정신을 남자에게 주었고 실제로 일을 하게 했다. 이미 언급했듯이 아담은 에덴을 가꾸고 각 짐승의 이름을 부여하는 역할이 있었다. 남자는 하나님의 창조물을 관리하고 경작하는 일이 우선이었다. 그것이 하나님이 주신 첫 사명이었다. 아내인 하와는 다른 역할이 부여됐다. 하나님의 사역을 할 때 돕는 배필의 중요성을 아셨다. 관계성이 하와에게 주신 사명이었다.

하나님이 남자의 일과 아내의 관계성으로 창조한 이유가 있다. 남자가 일을 하러 나간 가정에 아내와 아이가 남는다. 이때 아내가 자녀에게 관심이 없으면 양육은 어렵다. 자녀는 위험에 처할 수 있다. 모성애가 정서와 관계성에 기초한다면, 부성애는 일의 속성이 더 강하다. 여자에게 관계성을 주지 않았다면 양육은 힘들어지고 자녀는 건강한 애착을 경험하지 못할 것이다. 가족의 응집력은 아내의 관계성이 있어야 가능하다.

남자에게 일을 하는 속성을 주지 않았다면 가족은 굶어 죽을 것이다. 밖에서 위험과 싸우며 사냥을 하고 농사를 짓고 일처리를 해야 하는 남자에게 정서보다 판단이 중요하다. 그렇게 해야 돈을 벌고 가족이 굶어 죽지 않게 된다. 여자는 부모 앞에 서면 딸이 되고, 자녀 앞에서는 어머니요, 남편 앞에서는 아내가 된다. 이에 반해 남자는 자녀가 불평하고 아내가 힘들다고 해도 대부분 '나 열심히 일하고 있는데 왜 이렇게 불평인가?'라는 태도를 취한다. 관계가 아니라 일로 관계를 해결하려 한다. 부부가 이런 상황으로 갈등을 일으키는 경우가 허다하다.

40대 부부가 상담을 시작했다. 남편 현상씨는 사업을 하면서 일에 매진하였고 아내 주은씨는 남편을 기다리며 가까워지기를 원했다. 그래서 퇴근한 남편에게 자신을 사랑하는지 늘 물었다. 남편은 사랑타령하고 있는 아내가 답답했다. 남편은 자신이 하는 사업이 벼랑에 서 있는데 아내가 보이는 행동과 생각이 어리다고 생각했다. 답답한 아내가 상담 중에 말문을 열었다.

"남편과 저는 지금까지 서로의 목숨 줄을 쥐고 싸웠어요. 남편이 생각하는 자신의 목숨 줄은 경제적인 안정이에요. 회사를 안정시켜야 되니까 남편은 내 편이 되어 줄 수 없었어요. 그런데 저의 목숨 줄은 남편에게 인정을 받고 남편이 내 편이 되는 거예요. 둘이 서로의 목숨 줄을 당기면서 싸우니까 이렇게 가다가는 죽을 수 있겠다는 생각이 들었어요."

아내는 남편도 인정과 위로가 필요하다는 것을 알고 있었다. 하지만 자신이 남편에게 어떤 위로도 받지 못하기 때문에 그렇게 해 줄 에너지가 점차 고갈되고 말았다.

"저는 남편의 심정을 알고도 못하지만 남편은 전혀 몰라서 나를 위로해 줄 수 없어요. 내가 이해를 해도 남편은 모르니까 한 번도 나를 위로해 주지 않았어요, 남편이 나에게 관심을 보이면 나는 할 수 있어요. 그런데 남편은 모르니까 그것이 불가능하다는 생각에 답답해요. 일만하다가 죽을 것 같은 남편이 이제 불쌍해요."

부부는 같이 살면 죽을 것 같다고 생각을 하고 있었다. 남편은 아내가 분노조절장애가 있다고 확신했다. 자신이 밖에서 전투를 벌이고 오는데 집에서 쉬게 못해줄망정 화만 내는 아내가 이해되지 않았다. 그런 남편의 모습을 보면서 아내는 현상씨가 자기편이 되어 줄 수 없다는 생각이 강했다. "사실 지금은 우리 부부가 남이 되어 버렸어요. 혹시 남편이 이것을 바란 것은 아닌가 싶어요."

남편은 아내가 자신이 다른 사람과 노는 꼴을 못 본다고 했다. 회사 직원, 친구, 동창을 만나도 빨리 들어오라고 다그치는 아내에게 화가 났다. 아내는 남편이 다른 사람 꼴은 보면서 유독 아내가 하는 꼴만 못 본다고 화가 났다. 남편은 늘 다른 사람 앞에서 체면을 세우려 아내를 깎아 내렸다. 다른 사람에게는 여유로운 남편이 아내에게만은 인색했다.

"제가 다른 사람에게 잘 해야 돈을 벌 수 있잖아요. 가족은 옆에 있으니까 다음에 잘해 줘도 되지만 다른 사람은 한번 틀어지면 만날 수도 없어요. 조금만 참으면 나중에 알아서 돌아올 텐데, 아내가 현명하지 못해요."

정서를 모르면 가정의 자화상이 일그러진다. 남편은 기계처럼 일만 한다. 그래서 돈만 벌면 가정이 유지될 것이라 생각한다. 하지만 아내는 기계처럼 일만 하는 남편이 점차 남처럼 느껴진다. 정서적인 위로를 받지 못해 아내는 불행하다. 남편의 성공과 벌어오는 돈이 달갑지만은 않다. 이제 먹고 사는 데 전혀 지장이 없는데도 남편은 일에 파묻혀 지낸다. 가정이 무너져 가는데도 그런 남편의 모습이 안타깝다.

남자가 하는 일은 집(house)을 짓는데 적합하게 창조되었다. 그리고 아내가 관계성으로 육아를 하고, 식구를 챙기고, 가사를 돌보는 것은 가정(home)을 가꾸는 데 적절하게 창조되었다. 남편과 아내가 상대방의 역할을 못한다는 것은 아니다. 상황에 적응하면 얼마든지 상대의 역할을 감당할 수 있다. 결혼생활이 '집'만 있어도 행복할 수는 없다. 경제적인 뒷받침 없이 '가정'만은 충분하지 않다. 가족은 안락한 집과 따뜻한 가정이 모두 필요하다. 그래서 하나님의 창조 원리로 보면 남자가 하는 사명인 일은 인정받고 칭찬을 받아야 마땅하다.

또한 아내가 가사와 육아를 위해 하는 관계성은 인정받고 칭찬을 받아야 할 일이다. 부족한 인간이 이 두 가지를 한꺼번에 할 수 없어서 각자 자신에게 주어진 역할을 감당하고 하나님께서 안락한 집과 행복한 가정을 함께 누릴 수 있는 방법을 주었다. 남자가 아내와 연합하여 부부가 되는 것이다. 남자에서 남편이 되라고 한다. 그러면 안정적인 결혼생활이 되고 집과 가정이 안정을 찾을 수 있다.

과거 가부장적 유교의 관점에서는 개념이 확연히 달랐다. 남자가 하는 일은 대단했고 상대적으로 집안일은 하찮게 여겼다. 남자가 밖에서 일하고 들어오면 집에서 큰 소리를 쳐도 되었다. 아내가 하는 가사와 육아를 폄하하였다. 가치 없는 일로 치부했다. 그래서 당당하게 이렇게 말했다. "네가 집에서 뭐 하는 일이 있다고 불평이냐!"

당시 결혼생활은 불행했다. 부부로서 서로 아끼고 사랑하는 것이 없었다. 그러니 연합은 더욱 힘든 과제였다. 남편이 아니라 남자로 끝까지 행동했다. 결혼해도 남성 문화를 지속했다. 밖에서 술을 마시건 늦게 들어오건 아내는 관여하면 안 된다. 심지어 술집에서 다른 여자를 만나도 '남자는 그럴 수 있다'고 말했다. 결혼한 남편은 그러면 안 된다는 개념이 없었다. 아내는 무시받아도 마땅하다.

당시 남자는 화가 나면 경제적으로 가족을 조정하고 통제하였다. 나가서 돈을 벌라고 고함을 쳤다. 경제 활동은 정말 소중한 일이고 존중받아야 한다. 물론 과거 경제적으로 어려운 시기가 있었다. 그렇다고 돈을 통제수단으로 삼으면 아내와 자녀는 비참해진다. 남편은 가족과 저녁 약속이 있는 날에도 일과 연관된 사람이 연락이 오면, 그곳으로 달려가 버린다. 창조적으로 보면 아내의 가사와 육아는 역시 소중한 일이다. 남편이 밖에서 일을 하니 아내가 가사와 육아를 할 수 있고, 아내가 가정을 살피니 남편은 밖에서 일을 할 수 있다. 서로 연합하지 못하거나 존중하지 못하면. 결국 남자는 일하는 기계로 전락하고 아내는 파출부로 전락한다. 남편에게 비난받고 무시를 받아서 아내가 우울하고 불행해지면 결혼생활 자체에 실패한다. 하나님은 남편과 아내, 서로 인정하고 존중해야 한다고 가르친다. 전문직 남편과 자녀 양육에 힘쓴 아내가 부부 상담을 시작했다. 상담을 통해 회복이 된 부부는 말했다. "아내가 나를 비난하면서 열심히 일하는 저를 보고 성공해서 뭐 할 거야?"라고 서슴치 않고 말할 때 저는 아내가 미친 줄 알았어요. 아니 남편이 성공을 하면 가족이 모두 좋을 텐데 어떻게 그런 말을 하는 지 이해할 수 없었어요. 그래서 열심히 일하고 성과를 내도 인정해 주지 않는 아내가 꼴도 보기 싫었어요. 일부러 집에도 늦게 들어갔어요. 하지만 상담을 통하여 나와 사이가 멀어지고 하나라는 느낌이 없었던 아내에게 저의 성공이 아내에게는 자신과 무관할 수 있는 일이라는 사실을 알게 되었어요. 내가 성공하면 할수록 아내는 외롭다는 생각을 했어요. 일이 늘어나면서 집에 더 늦게 들어갔으니까요. 그러니 이혼을 하고 싶었던 아내에게 제 성공이 눈에 들어오지 않았겠죠. 상담을 하지 않았으면 저는 아무것도 모른 체 이혼을 했을 겁니다. 아직도 이해하지 못하고 원망하면서 살고 있겠지요. 그리고 재혼을 했더라면 또 다시 반복했을 겁니다. 회복되어서 다행이에요. 이제 아내를 무시하지 않아요. 아내도 저를 소중하게 생각해요. 요즘 이런 변화를 생각하면 신기해요."

아내는 말한다. "일만하고 집안에서 무엇이 벌어지는 지 관심이 없는 남편에게 화가 났어요. 사업이 잘되면 될수록 집안일만 하는 저를 더 무시했어요. 어느 순간 내가 하는 일은 아무것도 아니고 제가 마치 먼지가 되는 느낌이었어요. 남편이 성공하면 할수록 부부가 되는 길은 더 어렵다는 생각에 내가 공격을 했어요. 한편으로 불쌍한 마음도 들었어요. 아무것도 모르고 일에만 매달리니 가족의 인정도 받지 못하는 남편에 대한 긍휼한 마음이 생겼어요. 하지만 함께 얼굴을 맞대고 대화가 되어야 인정해 줄 텐데 남편은 늘 가족과 무관하게 살았어요. 상담을 통하여 남편이 가정으로 돌아와서 자신의 문제를 이해하게 되었고 내가 왜 그랬는지 알게 되어 다행이에요. 이제 제 남편이 되어서 돌아온 느낌이에요. 지금 저는 남편이 하는 일을 감사하게 생각해요. 이제 남편의 성공이 우리 가족의 것이고 내 것이라는 느낌이 들어요. 그러니 남편이 성공하면 저도 좋아요."

부부가 연합될 때 집과 가정이라는 두 가지 열매를 함께 즐길 수 있다. 연약한 인간이 집과 가정을 혼자서 짓는 것은 불가능하다. 부부가 연합할 때 온전한 집과 가정을 가질 수 있다. 이때 자녀가 이를 풍성히 누릴 수 있다. 그럴 때 건강한 가정이 대물림된다. 부부가 연합해야 하는 이유가 바로 여기에 있다.

죄로 인하여 부부연합이 깨지다

인간의 죄는 부부와 가정에 변화를 가져왔다. 하나님은 에덴동산의 첫 가정에 부부가 연합하라고 말씀하셨다. 그런데 사람이 죄를 지으면서 부부의 연합전선에 금이 가고 서로를 탓하게 된다. 부부 갈등의 시작은 죄를 지으면서 나타난다. '내 뼈요 내 살' 같았던 연합은 사라졌다. 하나님과 관계가 단절되고, 부부의 연합은 깨지고, 서로 원망하고 탓하기 시작한다. 부부 관계가 단절되면, 혼자라는 절대 고독의 상태로 간다. 남편과 아내 모두 외롭고 우울해 진다. 부부의 연합의 실패로 오는 공허함을 이제 다른 것으로 채우려 한다. 일과 가사로 힘들고 지친 부부가 서로 위로하면서 연합해야 함에도 불구하고 부부는 멀어져 간다.

죄를 범한 인간이 하나님과도 단절되고, 아담과 하와의 관계도 갈등을 겪는다. 소중한 두 관계가 끊어지면서 일과 가사로 지친 몸과 마음을 더 이상 위로받을 곳이 없다. 그래서 인간은 자기가 애쓰고 수고한 뭔가를 붙잡는다. 불안한 마음에 자신이 열정을 쏟아 부은 것에 의미를 부여한다. 죄를 범한 인간에게 하나님은 다음과 같은 벌을 내린다한다. 아담에게 '네 평생에 수고하여야 그 소산을 먹는다'(창 3:17)고 하였고, 하와는 '수고하고 자식을 낳을 것이며(창 3:16)'라고 말했다.

본래 남편은 열심히 일을 하고 와서 부부가 연합하여 아내에게 위로받아야 한다. 그런데 남자는 죄로 인하여 부부 연합이 깨지고 그 공허감을 자신이 애쓰고 열심히 일하는 것에 더욱 매달리게 된다. 자기가 '수고'한 일을 소중하게 여긴다. 공허감을 메우려고 일 중독에 빠진다. 그렇게 일에 매달리며 가정에 소홀한 남편의 빈 공간을 아내는 수고하여 낳은 자식에게 전심전력한다. 부부라는 우선순위에서 일과 자녀로 우선순위가 바뀐다. 즉 일과 자녀 양육으로 생긴 지친 마음을 위로해 줄 부부 연합은 더욱 심하게 파괴된다. 각자 자신의 수고한 것을 더 소중하다고 부부 싸움을 한다. 악순환의 고리에 빠진다.

죄로 인하여 아담은 일과 연합하고, 하와는 자녀와 연합했다. 부부 연합이 이렇게 다른 것으로 대치된다. 그런데 이것이 아주 먼 창조 시대에 죄를 범한 아담과 하와에게만 해당되는 이야기인가? 그렇지 않다. 현대를 살아가는 많은 부부가 이렇게 살아가고 있지 않은가? 열심히 일하고 있는 남편과 가사와 자녀 양육에 지친 아내! 서로 자신을 알아 달라고 고함치고 있다. 이미 부부가 연합되지 못한 채 서로를 비난하고 원망하게 된다. 아담과 하와가 죄를 짓고 그랬듯이 현재를 살아가는 남편과 아내가 서로 비난하고 있다.

이제 에덴동산의 '부부 연합'을 다시 회복해야 할 때다. 하나님은 지금 모든 가정에 그것부터 회복하기를 원한다. 그래야 남자는 더 힘차게 일을 할 수 있고, 아내는 자녀를 양육할 수 있는 힘을 공급받을 수 있다. 최근에 다양한 부부의 삶이 있다. 즉 남자가 가사를 담당하고 여자가 경제활동을 하는 가정도 있다. 이들 역시 부부가 연합해야 한다. 역할이 바뀌어도 일과 관계의 속은 크게 바뀌지 않는다. 열심히 일해서 생긴 경제적인 소산도 가족이 함께 즐기고, 수고하여 낳은 자식도 안정적으로 자랄 수 있다. 이럴 때 밖에 아무리 세찬 태풍이 불어도 튼튼한 집에서 편하고 안전하게 지낼 수 있다. 태풍을 피해서 가정으로 가족이 모여든다. 다시 태풍을 향해서 힘차게 싸울 힘을 공급받는다. 하지만 가정이 안정되지 못하면 밖에서 부는 태풍보다 집안이 더 위험하게 느껴진다. 그래서 밖으로 내몰리는 자녀, 남편, 아내가 생길 수 있다. 남편이 노력하여 세워진 집과 아내가 애써 세운 가정이 꼭 필요한 이유다. 남편과 아내의 사명을 서로 존중해야 하는 이유다. 지금 하나님께서 이 땅의 깨어진 가정에 외치고 계신다. "먼저 부부가 연합하라!"

연합되지 못한 부부의 단계적 반응

남자는 일의 관점에서 결혼을 바라본다. 여자는 관계의 관점에서 결혼을 해석한다. 여자는 결혼하면 바로 아내가 된다. 그래서 배우자가 자신의 남편이 되기를 원한다. 남편은 결혼을 해도 바로 남편이 되지 않는다. 결혼을 해도 일을 우선으로 생각한다. 아내와 자녀를 먹여 살리기 위해서 일을 열심히 해야 한다. 아내와 자녀의 감정보다 일이 잘 풀리지 않는 것에 힘들어 한다. 아내는 일을 하면서 남편의 역할에 소홀한 남편에게 화가 나고 고통스럽다. 남자와 아내의 갈등이 이렇게 시작된다.

부부 갈등은 남편은 자신의 일을 인정받지 못하고 아내는 남편의 사랑을 확인받지 못하여 연합에 실패한다. 각자 다른 일을 하는 것이 갈등의 원인이 아니다. 일을 바치고 서로에게 다가가지 못할 때 갈등이 시작된다. 초기 부부 갈등이 이렇게 시작된다,

부부 싸움은 연합의 복구 과정

남편과 아내로 연합되지 못하여 단절되면, 부부는 이를 복구하려고 노력한다. 즉, 부부 싸움은 미움에서 출발하는 것이 아니라 단절을 회복하는 과정에서 발생한다. 표면상으로 화를 내고 공격하거나 회피하여 서로를 부정적으로 보는 것 같으나 조금만 깊이 들어가서 보면 배우자와 연합하기 위한 몸부림이다. 부부 갈등은 성숙

을 향한 연합이라는 과제를 수행하면서 발생되는 성장통이다.

배우자에게 자신이 인정받고 소중한지를 묻는 싸움이 부부 불화다. 이때 아내는 적극적으로 관계 회복에 몰두하고, 남편은 갈등을 줄이기 위해서 회피를 한다. 보편적으로 관계지향적인 아내는 적극적으로 단절을 복구하려고 달려든다. 남편은 갈등 자체를 줄이려고 자꾸 회피하게 된다. 이렇게 부부 싸움이 시작된다. 시어머니가 힘들게 하는 것 자체가 부부 싸움의 원인이 아니다. 그로 인한 아내의 아픔에 남편이 연합하지 못할 때 부부 갈등의 원인이다. 남편이 회사일이 힘든 것이 문제가 아니다. 그 힘든 마음을 아내가 몰라 줄 때 비로소 싸움이 시작된다. 우울하고 부족한 부분이 있어서 고통을 겪을 때 배우자가 그 마음에 연합하여 위로를 해주면 그것을 극복할 힘을 얻고 싸움이 되지 않는다. 그런데 배우자가 이런 고통과 아픔을 몰라주고 무시할 때, 이를 해결하기 위한 단계적인 반응이 일어난다.

연합해야 할 대상이 거부할 때 나타나는 연쇄적인 반응이 있다. 소중한 대상일수록 이런 반응이 강하게 일어난다. 즉 연합해야 할 애착 대상에게 주로 일어나는 반응이다. 어릴 때는 부모이고 결혼하면 배우자에게 나타나는 자연스러운 현상이다.

연합 실패에 대한 첫 반응은 분노

첫 번째 반응은 '분노'(anger)다. 연합해야 될 소중한 대상이 자신의 욕구를 외면할 때 보이는 분노는 건강한 반응이다. 생존을 위한 반응이다. 갓난아기는 자신의 간절한 상황을 소중한 부모에게 적극적으로 알려야 된다. 이때 부모가 이를 해결해 주면 순식간에 행복감으로 바뀌고, 자신을 가치 있게 생각한다.

부부도 마찬가지다. 배우자에게 자신의 욕구가 외면되면 분노한다. 화가 난다. 아내만 그러는 것이 아니다. 남편 역시 화가 나긴 마찬가지다. 인간은 자신의 친밀감에 대한 욕구가 좌절되면 분노한다. 이것은 죽을 때 까지 반복된다. 여기에 오해가 있다. 아내는 감정적으로 반응하는데 남편은 이성적이라고 말한다. 그렇지 않다. 자신의 욕구가 좌절되면 부부 모두 화가 난다. 단지 화를 내는 방식의 차이가 있을 뿐이다.

아내는 입을 열고 강하게 항의한다. 남편은 입을 닫고 화를 내며 회피한다. 입을 열고 공격하는 아내나 입을 닫고 말을 하지 않는 남편 모두 '분노'하는 것이다. 두 사람 모두 감정적으로 반응하는 것이다. 배우자가 자신을 무시하는데 아무 감정을 느끼지 못한다면 그것이 문제다. 남녀 모두 강한 감정을 느끼고 반응한다. 아내는 입을 열고 남편은 입을 닫는다.

"저는 아내와 전쟁하기 싫어서 입을 닫아요. 사사건건 따지는 아내를 보면 나도 화가 나서 말하는 것이 의미가 없다는 생각이 들어요. 잘못 말하면 싸움이 번져가니 아예 입을 닫고 내 방으로 들어가는 편이 좋아요."

"문제가 분명 있는데 입을 닫고 자기 세계로 들어가 버리는 남편은 그냥 둘 수 없어요. 옆집 아저씨와 다를 게 없어요. 분명 해결해야 되는데 화가 나요. 그래 얼마나 입을 닫고 말을 안하나 싶어서 내가 칼을 들어보기도 했어요."

배우자의 분노에 적절하게 반응하면 순간적으로 행복해진다. 배고픈 아이에게 먹을 것을 주면 행복하고 평안해지는 것과 마찬가지다. 남편과 아내가 서로 원하는 것을 알아주면 분노는 쉽게 사라진다. 연애 때 토라진 애인에게 이렇게 한다. 그때 얼마나 행복했는가?

결혼 후에도 그렇게 하면 행복해 진다. 시어머니 때문에 힘들어하는 아내 마음을 위로해 주면 행복으로 바뀐다. 남편이 일로 힘들어 할 때 아내가 그 마음에 다가가서 위로하면 마음이 평안해 진다. 분노하는 이유를 알고 다가가면 연합은 강해지고 행복감이 커진다. 애착대상이 힘들어 할 때 다가가서 위로하면 자존감이 높아진다. 자신이 힘들고 약할 때 사랑을 받을만한 사람이라는 인식은 자존감을 높인다. 부모와 배우자에게 계속 거절 받으면 결국 부부는 자신감이 떨어지고 자기 가치가 낮아진다.

2단계는 찾고 매달리기

분노의 1단계에서 서로 위로받지 못하면 2단계로 넘어간다. '찾고 매달리기'(seeking & clinging) 단계다. 아이들은 분노 단계에서 부모의 사랑을 확인 받지 못하면 이제 부모와 떨어지지 않고 붙어 있으려 한다. 부모가 자신을 사랑한다는 확신이 없기 때문에 자신을 버리고 도망가지 않을까 두려워 떨어지지 않는다. 그래서 곁에 머물러 있으려 하고, 떨어졌다가도 금방 달려온다. 부모를 떠나 멀리 떠나갈 수 없다.

부부도 마찬가지 반응이 나타난다. 배우자가 자신이 원하는 바를 몰라주고 지속적으로 무시하면 분노하다가 찾고 매달리기 단계로 접어든다. 이때 아내들은 자신이 사랑받는지 예민하다. 계속해서 묻는다. "나를 사랑해?" "당신 속에 내가 있기는 한 거야?" "당신 내 편이야?"

이 시기에 남편이 이해할 수 없는 말을 아내가 쏟아 낸다. "당신! 나와 시어머니가 물에 빠지면 누구부터 구할 거야?"

남편은 이런 어처구니없는 생각을 하는 아내를 이해할 수 없다. 그야말로 말도 안 되는 질문이다. 하지만 아내에게는 말이 된다. 아내로 창조된 하와는 남편 아담이 자신을 어떻게 생각하는지 관계성이 중요했다. 아내로 소중하게 생각하는지가 매우 중요하다. 아내는 관계성 회복이 중요하다. 그래서 아담과 연합되어야 한다. 연합이 되지 않았다고 느끼면 시어머니만 물에 빠뜨리는 것은 아니다. 딸도, 아들도 빠뜨린다. 키우던 강아지도, 컴퓨터도, 게임기도 빠뜨린다. 남편 회사 동료도 물에 빠뜨릴 것이다. 심지어 남편이 하는 일도 빠뜨린다. "당신 도대체 내가 중요해 일이 중요해?"

이는 아내에게 남편의 일이 무의미하다는 말이 아니다. 남편과 연합되지 않았다는 의미다. 남편의 우선순위가 시어머니, 자녀, 회사 동료, 일이지 아내인 자신이 남편에게 우선순위가 아니고 소중하지 않다고 느껴지기 때문이다. 남편과 연합되지 못한 아내들은 이런 질문을 쏟아 낸다. 시어머니를 물에 빠뜨리겠다는 의미가 아니라 아내인 자신의 소중함을 확인시켜 달라는 말이다. 남자들은 이를 이해하기 어렵다. 어떻게 감히 시어머니를 물에 빠뜨린다는 소리를 하는지 이해할 수 없다.

얼마 전 영국에 사는 젊은 부부가 상담을 받기 위해서 한국에 왔다. 일주일 휴가를 이용해서 연구소를 들렀다. 남편은 오래 전에 영국에 건너가서 청소년기를 보내고 대학 졸업 후 대기업에 취업했다. 아내는 서울에서 직장을 다니다가 남편을 소개받아 결혼하여 런던 생활을 시작했다. 외국에서의 신혼생활이 아내에게는 무척 힘이 들었다. 매일 남편이 퇴근해서 돌아오기만을 기다렸다. 남편에게 힘들고 우울하다고 불평하기 시작했다. 그럴 때 마다 남편은 친절하게 아내에게 설명을 했다. "내가 영국에 살아보니까 영국 생활이 원래 그랬어!" "맞아 런던의 기후가 흐리고 우울하게 해!" "영국 사람들이 본래 그래!" "조금 지나면 영국에 적응할 수 있을 거야!"

첫 상담을 하던 날 아내는 울면서 말했다. "소장님! 이 사람 내 편이 아니고 영국 편이에요. 내가 힘들다는데 늘 영국이 그렇다고만 해요."

그때 알았다. 아내가 시어머니 때문에 힘들다고 하면 대부분의 남편은 '어머니가 그런 뜻으로 말 한 것이 아니야'라고 말한다. 아내는 그때 '내편이야, 어머니 편이야?'라고 물을 것이다. 그런 접근이 '시어머니 편'이라는 사실을 깨달았다. 아내가 힘들다고 하면 아내의 힘든 마음을 들어 주기만 해도 될 텐데 시어머니 입장에서 자꾸 설명하려 드니 될 일도 되지 않는 것이다. 그럴 때 아내는 '왜 당신은 어머니 편을 들어?'라고 반문한다. 아내는 남편에게 우선순위라고 여겨지면 시어머니를 절대 물에 빠뜨리지 않고 존중한다. 남편의 하는 일을 칭찬하고, 회식 장소에 전화나 문자 폭탄을 날리지 않는다. 자녀를 사랑으로 양육한다.

아내가 정서적 소통을 원하는 반면 남편은 자신이 하는 일을 강조한다. 남편은 자신이 하는 일을 인정받기 원하고 아내는 사랑받고 있다는 감정을 원한다. 남편은 아내의 정서를 이해해야 하고, 아내는 남편의 하는 일을 인정해 주어야 한다. 부부싸움을 하며 아내가 원하는 것은 마음(감정)에 대한 공감이다. 남자는 자기가 한 일을 인정받으면 아내가 무장해제 되었다고 생각한다. 그래서 남자는 자신의 노력을 아내가 먼저 인정해 주길 바란다. 그러면 용기를 내어서 아내에게 다가갈 수 있다. 아내들이여, 이렇게 말해 보자. "자기 어제 싸워서 화가 났는데 이렇게 설거지를 도와주어서(책장을 정리해 주어서/아이를 봐주어서) 고마워."

물론 이것으로 아내의 감정은 풀리지 않는다. 하지만 이런 인정은 남자로 하여금 관계로 나오게 하는 데 엄청난 용기를 제공한다. 자기가 하는 일을 인정받은 남편은 아내에게 다가오는 것이 두렵지 않게 된다. '돕는 배필'은 남편의 이런 성향을 이해하는 것이다. 아내의 인정을 받은 남편은 아내에게 다가올 용기를 갖게 된다. 남편은 아내가 자신의 마음을 풀어 주길 원한다는 것을 알아야 한다. 남자와 아내는 서로 다른 속성으로 창조되었다.

어느 날 아담이 눈을 떴을 때, 옆에 하와가 누워있다. 아담은 아내를 어떻게 사랑해야 하는지 몰랐을 것이다. 그래서 하와에게 지금까지 에덴동산을 경작하고 짐승의 이름을 지은 일을 자랑하고 인정받으려 한다. 자신이 한 일을 인정해 주는 하와가 자기를 좋아한다고 생각한다. 그런데 하와는 어떤가? 눈을 떴는데 옆에 아담인 남편이 누워 있다. 하와는 아담이 지금까지 무슨 일을 했는지 전혀 알 턱이 없다. 하와에겐 아담이 어떤 일을 했는지가 일차적 관심사가 아니다. 처음으로 만난 이 남자가 자신을 어떻게 생각하는지, 자신을 사랑하는지, 자기 편인지가 중요하다. 자신을 소중하게 생각하는지, 혹시 미워하지 않는지 여부가 더 중요하다. 그래서 하와가 묻는다. "자기 나 사랑해?"

아담은 대답한다. "나 열심히 일하고 있잖아."

아담은 일, 하와는 관계성 회복을 통해서 자기 존재를 확인한다. 남편의 사랑을 받고 싶은 아내와 자기 일을 인정받고 싶은 남편의 전형적인 모습이다. 일반적으로 남편을 어린아이로 생각하고 인정해 주라고 말한다. 그렇지 않다. 남자의 속성이 그렇기 때문에 인정해 주어야 한다. 남편은 아내를 정서적으로 다가가야 한다. 마음을 알아주어야 한다. 뭔가를 하는 것도 중요하지만 싸운 이후에 아내와 대화를 하는 것이 더 중요하다. "당신 어제 나와 싸워서 속상했지. 나도 힘들었는데 미안해. 화 풀어."

남편의 이러한 한마디가 아내를 회복시키고 위로를 준다. 아내는 남편의 일을 지지하고 부드럽게 말하기를 애써야 한다. 아내가 화를 내면 남편은 점차 자신을 인정해 주지 않는다고 느끼고 회피하려 할 것이다. 남편은 아내를 위해서 뭔가를 하기보다는 마음에 다가가서 감정을 나누어야 한다. 이때 남편에게 용기가 필요하다. 자신을 무시할 것이라는 두려움을 버리고 다가가야 한다. 남편은 아내에게 다가갈 용기가, 아내는 남편을 인정하는 말이 회복의 열쇠다.

연합 실패는 부부를 3단계 우울과 실망으로 이끈다

두 번째 단계에서 풀리지 않으면 세 번째 단계로 넘어간다. 이때 '우울과 실망'(depression & despair)이 찾아온다. 이 세상 누구보다도 고립감을 느끼게 된다. 에덴동산에 아담이 독처하는 혼자의 모습으로 돌아간다. 절대 고독이 찾아온다. 부부는 연합되지 않으면 인류가 혼자 있던 무원고립의 감정을 경험한다. "선생님 결혼 전에 혼자 있을 때보다 더 외로워요."

그렇다. 부부가 연합되지 못하면 그것만큼 외로울 수가 없다. 남편과 아내 모두 외롭고 고통스럽다. 부부 불화가 있으면 우울척도에서 심각한 우울증상이 상승되어 있다. 이때 대부분은 굳이 항우울제를 투약하지 않더라고 관계가 회복되면 정상으로 돌아온다.

어린아이는 부모와 관계가 좋지 못하면 우울하고 죽고 싶어진다. 하지만 결혼한 부부는 배우자와 갈등이 생기면 죽고 싶다. 부모와 연합된 아이는 자신의 실존이 안전하고 가치 있게 여겨지다. 배우자와 연합된 부부 역시 자신감이 생긴다. 남편은 자신이 하는 일이 가치가 있고 열심을 다할 수 있다. 아내는 자녀 양육과 가사가 의미가 있고 하찮게 여겨지지 않는다. 물론 다른 사회적인 일을 할 수 있는 에너지를 공급받아 활기차게 살 수 있다.

마지막 4단계는 서로 분리되어 지내다

이 단계에서도 서로 위로하지 못하면, 마지막 '분리'(detach) 단계에 빠진다. 부부는 서로 투명인간처럼 살아간다. 아무런 반응을 보이지 않는다. 같은 공간을 절묘하게 분리해서 지낸다. 자녀도 부모에게 친밀감을 회복하지 못하면 애착 욕구를 없앤다. 소중한 부모에게 화를 내거나 매달려 보고, 실망도 해 보지만 별다른 반응이 없으면 부모의 사랑을 받기를 포기한다. 그 욕구를 계속 느끼게 되면 너무나도 고통스럽기 때문이다. 사랑하기 때문에 욕구를 포기한다. 그래야 상처를 받지 않는다. 자기 방으로 들어가 문을 닫아 버린다. 이때 부모가 이를 깨닫고 문을 열고 다가가야 한다.

부부도 마찬가지다. 애착 욕구를 배우자로부터 철회해야 기대로 인한 고통에서 벗어날 수 있다. 기대하지 않아야 덜 아프다. 하지만 투명인간처럼 지내는 부부가 가장 고통스럽다. 세상을 살아갈 힘을 잃고 만다. 갈등이 힘들어서 서로 마주치지 않게 살아가지만 사실 고통은 심해진다. 마주치지 않기 위해서 상대방의 동선을 파악하고 있어야 한다. 안방에 있으면서도 지금 배우자가 화장실을 갔는지 뭘하고 있는지 끊임없이 살펴야 한다. 각방을 쓰고 있지만 의식적으로 배우자를 감시하게 된다. 배우자의 한숨 소리가 뇌를 울린다. 목구멍까지 차오르는 답답함을 무표정으로 감추고 있지만 괴로운 마음은 떨칠 수 없다. 부부는 연합되지 않으면 하루하루가 고통의 연속이다. 가면 속에 숨겨진 분노가 자신에게 독이 되고 있다. '나는 더 이상 당신에게 아무런 영향을 받고 있지 않다'는 것을 보여 주고 있지만 감정은 요동치고 있다. 어쩔 수 없이 함께한 자동차 안에서도 부정적인 기류는 서로의 정서와 영혼을 갉아 댄다. 이 세상 어떤 관계에서 경험하지 못한 냉혹한 고통이 똬리를 틀게 된다.

마지막 분리 단계에도 부부가 서로에게 다가가면 회복된다. 왜냐하면 어느 단계든지 배우자가 원하는 것은 동일하다. 나에게 다가와서 위로하고 인정해 주기를 바란다. 곁에 와서 연합하기를 소망한다.

▶▷ 생각 바꾸기

지금 어느 단계에 있든지 배우자가 당신을 간절히 기다린다는 사실을 인지하라. 도망치거나 고함치지 말고 용기를 내어 다가가라. 부부 싸움은 미워서 하는 것이 아니라 서로의 존재를 끊임없이 확인받고 싶은 표현의 하나다. 다시말해 친밀감을 회복하기 위한 투쟁이다, 배우자가 화를 내고 매달리고 우울해하고 혼자 방에서 울고 있는가? 다가가서 손을 내밀면 회복이 된다. 당신과 친밀하기를 요구하는 배우자를 내버려 두지 말라. 지금이 다가갈 순간이다.

▶▷ 실천하기

- 갈등을 숨기지 말라. 전문가를 찾고 믿을 만한 사람들의 조언을 듣는 데 주저하지 말라. 지금까지의 생각과 방법으로는 갈등을 풀 수 없다는 것을 인정한다.
- 남자가 먼저 남편이 된다. 회피하지 않고 다가가서 아내의 감정을 이해한다. 아내는 남편의 하는 일을 인정한다.

▶▷ 기도하기

"남편(아내)과의 갈등을 지혜롭게 풀어 가길 기도합니다. 내 아픔보다 남편(아내)의 아픔을 먼저 보게 눈을 열어 주소서. 먼저 손을 내밀고 다가갈 수 있는 용기를 주소서."

당신을 내 편으로 만드는 5단계

Step 5

그만 싸우고 싶을 때, 바로 지금이 기회다

노력하는 부부를 하늘이 돕는다

Question "사실 남편이 오랫동안 반복적으로 폭력을 행사하고 외도를 했어요."

주변에서는 남편이 절대 고쳐지지 않을 거라고 말했어요. 이혼만이 답이라고 했어요. 그래도 전 남편을 사랑했기에 참고 또 참았어요. 그런데 이제는 정말 더 이상은 안되겠다는 생각이 들었어요. 이혼하기 전 마지막이란 생각으로 상담을 신청했어요.

모든 부부는 회복될 수 있다

부부가 상담하는 이유는 다양하다. 성격 차이, 고부 및 장서 갈등, 양육 차이, 경제 고통, 이해 못할 습관, 중독 등등 무수히 많다. 어릴 때 받은 상처로 아파하는 부부도 많다. 그리고 폭력과 외도로 이혼의 위기를 맞는 부부도 찾아온다. 가끔 많은 사람들로부터 질문을 받는다. "외도하고 폭력을 한 부부가 회복이 되는가?"

심지어 상담 분야에 몸을 담고 있는 전문가들도 이들은 회복이 불가능하다며 손사래를 친다. 헤어지는 것이 좋다고 조언한다. 하지만 나는 그렇게 생각하지 않는다. 전문가는 이혼을 결정하는 사람이 아니다. 그 이유가 어떻든 이혼을 앞둔 부부를 회복하기 위해서 노력해야 하는 사람이 전문가다. 물론 현재의 불행한 결혼생활을 그대로 유지하며 살아가라는 말이 아니다.

필자는 5년 전부터 가정법원 판사를 대상으로 매년 몇 회씩 부부 관계에 대한 강의하고 있다. 주로 이혼을 판결을 하는 판사들에게 '모든 부부든 회복이 가능'하다는 사실을 강조한다. 또한 '이혼판결은 가장 늦게 해도 빠를 수 있고, 부부싸움은 배우자에 대한 미움이 아니라 소중함을 확보하기 위한 투쟁'이라는 사실을 전했다.

몇 년 전에 강의를 들었던 부장 판사 한 분이 저자가 초청된 어느 시민 강좌에 찾아와서 만나게 되었다. 그분을 통해서 내가 하고 있는 일의 소중함을 느낄 수 있었다. "소장님의 강의를 듣고 이혼 판결을 결정하는 데 생각이 많아졌어요. 이 부부가 조금 노력하면 회복이 가능할 수 있겠다는 생각에 이혼보다 결합을 유도하게 되었어요."

갈등을 겪고 있는 부부 중에는 회복이 가능한데도 불구하고 방법을 찾지 못하여 관계를 포기하는 경우가 많다. 상처가 심한 부부도 물론 회복될 수 있다. 저자는 '아담과 하와 두 사람이 벌거벗었으나 부끄러워 아니한다'라는 성경 구절에서 모든 부부가 회복될 수 있는 이유를 찾았다. 더불어 이 말씀은 필자가 부부 상담을 하는 이유가 된다.

과거에 아무리 큰 잘못을 저질렀더라도 진실되고 진정성 있게 자신을 배우자에게 드러내고 다가가면 이 모든 것들이 부끄럽지 않게 된다. 외도를 한 남편이 자신의 잘못을 인정하고 아내에게 준 상처를 깨닫고 직면할 때 회복은 시작된다. 그런데 사소한 것도 별거벗지 못하고 숨기며 배우자를 탓하게 되면 그것이 부끄러운 일이 되고 회복은 점점 더 멀어진다. 외도와 폭력을 한 부부도 회복될 수 있다. 실제로 그런 일이 상담실에서 매일 벌어지고 있다.

"남편이 폭력하고 그것도 모자라 외도를 했어요. 사실 이번만이 아니에요. 오랫동안 반복적이었어요. 주변에서 모두 남편의 행동은 절대 고쳐지지 않는다고 했어요. 언니와 친구들은 이혼이 답이라고 말해요. 저도 더 이상 버틸 수 없어서 상담을 신청했고 마지막이라는 심정이었어요. 남편도 자포자기식으로 행동했어요. 폭력과 외도의 이유가 저 때문이라고 했어요. 이전에 저 혼자 상담사를 찾아갔을 때도 남편은 변하지 않을 것이라고 했어요."

지속적인 상담을 통해서 남편은 서서히 자신이 아내에게 주었던 상처를 알게 됐다. 자신의 잘못을 비난하고 지적할 것이라 생각하고 회피적으로 상담에 임했던 태도에서 벗어나 차츰 집중하기 시작했다. 상담자의 도움으로 마침내 아내에게 다가갔다. 그리고 자신이 한 행동에 직면했다. 회피하던 남편이 용기를 내자, 아내의 상처가 서서히 회복되어 갔다. 부부가 연합되어 갔다. 모든 것을 진심으로 드러내어 깨달아 가면 모든 것이 부끄럽지 않게 된다. 상담자는 내담자의 잘못을 지적하기보다는 자신의 행동이 배우자에게 어떤 영향을 미치는 지를 깨닫게 해 주는 것이 중요하다. 그때 방어적이거나 회피하지 않고 배우자의 아픔을 보게 된다.

외도와 폭력 등 심각한 상처도 부부가 드러내고 다가가면 회복이 된다. 하지만 성격 차이 등 사소하게 상처를 주었던 사건도 그 문제를 깨닫지 못하면 부끄러워지고 분노하게 된다. 이로 인해 부부의 갈등은 점차 커지고 이혼에 이르기도 한다. 어떤 문제든 서로 진솔하게 대하면 풀어진다.

"제 자존심을 내세우기 위해서 아내를 무시했어요. 그리고 부모님들이 그랬던 것처럼 저도 의견이 다를 때 아내를 몰아세웠어요. 아내의 문제점을 강하게 지적하고 몰아세우면 바뀔 줄 알았어요. 15년 동안 그렇게 했습니다. 당연하다고 생각했어요. 이번 상담을 통해서 제가 한 행동이 아내에게 깊은 상처를 주었고, 아내를 비참하게 만들었다는 것을 깨달았습니다. 그동안 내가 뭘 그렇게 잘못했나 생각했어요. 월급도 제때 갖다 주고 회사에서는 성실하게 일했고 가사도 도와주었는데 아내가 늘 우울해하고 저를 거부하는 것 같아서 이해가 되지 않았어요. 결국 아내가 이혼을 하자고 화를 낼 때도 전 그 이유를 진짜 몰랐어요. 자신의 부족함을 모르고 변하지 않는 아내에게 화가 났어요. 상담하면서 저의 행동이 아내를 무시하고 비참하게 했다는 것을 알게 되었어요. 아내가 이혼을 하고 싶어 한 이유를 알게 된 것이 다행이에요. 가부장적인 저의 태도가 당연하다고 생각했을 때는 늘 불행했지만 이제 아내와 풀어갈 수 있게 되었어요."

자신의 문제를 배우자 탓을 하면 부끄러운 일을 당한다. 창세기 3장 12절에는 자신의 잘못을 직면하지 못하는 아담의 모습이 등장

한다. “아담이 이르되 하나님이 주셔서 나와 함께 있게 하신 여자 그가 그 나무열매를 내게 주었으므로 내가 먹었나이다.” 하와도 마찬가지다. 자신의 잘못을 뱀의 탓으로 돌린다(창 3:13). 죄로 인하여 하나님이 두려워 숨었고, 하나님을 피하게 된다. 벗은 모습이 부끄러워 무화과나무 잎을 엮어서 치마로 가리게 된다.

솔직하게 드러내고 직면하면 어떤 상처도 부끄럽지 않게 만들 수 있는 힘이 부부 관계에 있다. 가장 소중한 관계, 인류를 종속시키는 관계인 부부에게 하나님께서 그런 힘을 부여했다. 왜냐하면 부부 관계가 깨어지면 하나님의 형상을 닮은 인류가 종속하기 어렵고 인간은 고립감을 느끼기 때문이다. 인간이 생존하기 위해서 가장 위로를 주고받아야 할 관계인 부부 관계는 어떤 상처도 깨닫고 다가가면 풀어진다.

시카고대학의 사회학과 린다 웨이트 교수는 “이 시대는 결혼을 유지하는 유익보다는 이혼의 유익을 지나치게 강조하고 있다”고 말했다. 방송과 각종 영상은 이혼을 심각하지 않게 방영한다. 그녀는 “당장 만족을 느끼지 못하는 부부일지라도 이혼하지 않고 결혼을 유지하면 3분의 2는 5년 안에 행복해진다”고 했다. 또한 “이혼과 독신의 삶을 강조하지만 결혼한 것과 부모와 함께 산다는 것은 인간의 행복을 부풀리는 데 엄청난 효과가 있다”고 말했다. 그리고 하나님은 이 시대 심각한 갈등을 겪는 부부를 향해 진솔하게 다가가면 회복될 수 있다고 말씀하신다.

물론 외도와 폭력 같은 심한 상처의 경우는 회복하는 데 시간이 조금 더 걸린다. 그리고 개인적으로 부부가 회복될 수 있다고 믿고 적극적으로 풀어 가면 회복에도 가속도가 붙는다. 상처의 속성과 개인의 의지에 따라 회복의 차이가 있을 뿐 모든 부부는 회복될 수 있다. 부부 회복을 위해서 이전의 방식을 버리고 새로운 방법을 시도해야 된다. 기존의 사고와 방법을 고집하지 않으려면 새로운 이해가 바탕이 되어야 한다. 배워야 한다. 전문가를 찾아가거나 주변에서 하는 부부 관련 프로그램에 참여하는 것도 좋은 방법이다. 지금까지의 부부 관계를 새로운 렌즈를 가지고 보려고 노력해야 한다. 그때 봄 기운에 눈이 녹듯이 서서히 문제가 풀리는 것을 경험하게 될 것이다.

하나님이 맺어 준 인연을 사람이 갈라놓을 수 없다. 단지 기존의 상처 주는 방식이 아니라 새로운 방식으로 바뀌어야 한다. 담장 안에 가두거나 뫼비우스의 띠 위에서 지금까지 해결되지 않았던 방식으로 뛰어다니지 말고, 새롭고 더 나은 방식을 찾으려는 용기를 가져야 한다. 연합하기 위해서 부부는 노력해야 한다.

이혼이 갈등 해결의 답이 될 수 없다

갈등을 겪는 부부가 회복될 수 있음에도 불구하고 이혼을 부추기며 유익하다고 말하는 사람이 있다. 자녀를 위해서 갈등 속에 사는 것이 좋은지 아니면 이혼을 하는 것이 좋은지 묻는 부부가 많이 있다. 이 질문은 중요한 해결 방법 한가지를 간과하고 있다. 이혼과 불행한 결혼을 유지하는 것이 답은 아니다. 부부가 연합하여 관계를 회복하는 것이 문제 해결의 답이다. 이혼으로 인한 고통이 엄청나기 때문이다.

2002년 미국 최고의 가족 연구자들이 공동 연구한 결과를 발표했다. 그 내용은 다음과 같다. '먼저 불행으로 인해 이혼 혹은 별거한 부부는 결혼을 유지한 부부들보다 행복하지 않았다. 이혼이 무너진 자아존중감과 우울증을 개선시키지는 못했다. 연구에 참여한 현재 행복하다고 느끼는 부부 중에는 과거 상당 기간 폭언 외도, 우울증, 질병을 경험했다. 이혼하고 싶어 하는 부부가 결혼을 유지한 경우 5년 후에는 전반적으로 행복해졌다. 결혼 중 갈등이 찾아 왔을 때 상담을 하는 것이 결혼 유지의 핵심적인 방법이다.'

평화롭게 일상을 잘 나누는 것은 쉽게 찾아오지 않는다, 그렇게 되기 위해서 연합을 배워야 한다. 어떤 부부는 전국에 방영되는 방송 프로그램에 자신들의 민낯을 드러내고 행복을 찾아간다. 숨기면 부끄럽게 되지만 진정한 연합을 위해서 다른 사람이 보는 시선에 연연해하지 않는다. 이미 연합된 부부 속에는 그런 시선을 이겨낼 힘이 생긴다. 죽었던 부부가 살아난다면 체면에 눌려 살 필요가 없다.

미국의 경우 3분의 2의 부부가 심각하지 않은 사소한 갈등으로 이혼을 한다고 했다. 그래서 〈달라졌어요〉라는 회복 프로그램에 참여한 모든 부부에게 박수를 보낸다. 나는 그들 부부에게서 한국 가정의 희망을 보았다. 모든 것을 드러내고 부끄럽지 않게 풀어가는 모습을 목격했다. 그들 가정에 하나님이 함께하실 것을 확신하였다. 연구에 의하면 이혼, 재혼, 동거 커플, 싱글로 사는 사람보다 결혼한 부부가 정신 건강이 양호하다고 했다. 하나님이 혼자 사는 것이 좋지 않고 연합하라고 하신 것은 여러 연구에서 밝혀지고 있다.

부부 관계는 생명력이 있다

하나님의 형상을 닮은 첫 인간은 남자와 아내로 창조되었다. 바로 아담과 하와다. 그리고 그들은 부부가 되었다. 이후 하나님의 창조한 것과 똑같이 하나님을 닮은 형상의 인간은 부부라는 타이틀로 탄생하게 된다. 부부에 의해서 인간은 땅에 충만하게 된다. 부부가 연합하면 생명이 탄생한다. 하나님께서는 부부 관계를 통해 인간의 생명을 잉태할 수 있는 권위를 주셨다.

부부 관계는 새생명을 탄생할 뿐 아니라 남편과 아내 개인에게 생명력을 불어넣는다. 부부가 불화로 연합하지 못하면 남편과 아내 모두 자신감을 잃고 자존감이 낮아지고 생명력을 잃어간다. 연합되지 못한 부부는 죽고 싶은 고통으로 모두 시들어 간다. 부부가 다가가서 다시 연합하면, 우울감은 사라지고 서서히 생기를 얻어 되살아난다. 어릴 때 부모에게 받은 상처로 자신감이 없던 사람도 결혼으로 부부가 연합되면 서서히 자신감을 되찾는다. 하나님이 코에 생기를 불어넣듯 연합된 부부는 서로를 살려낸다. 자신을 가치 있게 여긴다. 반대로 부부가 불화를 겪으면, 자신감이 사라지고 서서히 시들어 간다. 부부 연합은 죽었던 개인에게 생명을 준다. 부부는 그렇게 남편과 아내의 실존에 영향력을 행사한다.

부부는 생명을 탄생시키고, 남편과 아내에게 생기를 불어넣어 줄 뿐 아니라 주변의 관계를 소생시킬 힘을 갖는다. 상담을 마친 대부분의 부부는 말한다. "남편과 회복되고 나니까 아이들을 향한 마음에 여유가 생기고 양육이 편안해졌어요. 아이 마음을 살필 수 있는 힘이 생겼어요. 제가 편안하니까 자녀에게 긍정적인 영향을 줄 수 있게 되었어요. 과거에 남편과 갈등으로 힘들 때는 남편을 닮은 아이들도 눈에 들어오지 않았어요. 오죽하면 이혼하려 했겠어요. 그리고 시부모님께도 더 잘 할 수 있어요. 남편과 사이가 좋아지니 남편과 연관된 사람들에게 마음 넉넉한 여유가 생겼어요. 남편이 미울 때는 남편과 연관된 사람들이 꼴도 보기 싫었어요. 심지어 남편과 갈등이 심해지면 만사가 귀찮았어요. 이제 친구를 만나러 외출도 많이 하게 되었어요."

"아내와 갈등이 있을 때 회사에 가서 다른 사람들에게 짜증을 냈어요. 하지만 요즘은 사람을 만나도 편안합니다. 전에는 아내를 회피하게 위해서 사람들과 어울렸다면 지금은 교제의 즐거움을 알게 되었어요. 가족과 편안해지니까 내가 하는 일도 의미가 달라졌어요. 전에는 내가 일하는 기계인가 하는 생각이 지배적이었어요. 하지만 지금은 내가 하는 일이 나와 가족에게 꼭 필요한 가치로 여겨지고 감사로 다가와요."

부부 연합이 회복되면 남편과 아내 개인을 넘어서 주변의 관계에도 단비가 내린다. 시부모와 처부모를 더 잘 챙기게 되어 효도가 가능해진다. 자녀에게는 안정적인 사랑의 근원이 된다. 부모가 자녀에게 줄 수 있는 가장 큰 선물은 부모가 연합된 모습을 보여 주는 것이다. 그럴 때 자녀는 정서적인 안정감을 갖는다.

자신의 잘못으로 부모가 싸운다고 생각하는 아이는 불안감이 증가하고 두려움이 커진다. 문제 행동이 늘어난다. 부모의 사랑을 충분히 받은 아이는 주변의 관계에도 긍정적으로 반응한다. 친구들과 잘 어울리고 동생을 아낀다. 이웃을 사랑하는 근원은 부부가 서로 연합하는 것이다. 그 힘이 자녀를 주변을 따뜻하게 하는 안정된 사람으로 자라게 한다.

인간에게 첫 관계로 허락된 부부, 그리고 그 두 사람의 연합이 사랑이다. 그 사랑이 비로소 개인과 가족을 넘어 주변을 따뜻하게 하는 근원이다. 부부가 연합하지 못해서 지금 우리 가정들은 큰 아픔이 발생한다. 사랑의 뿌리가 되는 부부 관계가 건강하지 못하면 주변을 돌볼 힘이 사라진다. 부부의 사랑은 생명수와 같다. 그곳에서부터 주변으로 그 사랑이 흘러가야 한다. 살만한 세상을 만드는 힘은 부부의 연합에서 시작된다.

부부가 둘이 한 몸이 되면 배우자의 단점과 아픔까지 내 것이 된다. 물론 장점도 내 것이 된다. 체면으로 타인을 의식하여 비난하는 것이 아니라 배우자의 모든 것을 내 것 인양 여긴다. 뼈 중의 뼈, 살 중의 살! 배우자는 가장 중요한 자신의 뼈와 살이다. 배우자가 바로 내 자신이 된다. 배우자를 부끄러워하지 않고 그 아픔에 동참하고 그 기쁨에 함께한다. 미워할 대상이 아니라 품어야 할 대상으로 바뀐다. 연합이 바로 치유라는 사실을 알게 된다. 연합할 때 단점과 아픔을 회복 할 수 있다는 사실을 경험하게 된다. 부끄러움 뿐 아니라 외로움이 사라진다. '함께'라는 위로가 많은 것을 뛰어 넘을 수 있는 힘이 솟아나게 만든다.

인간은 친밀감을 원한다. 힘들 때 누군가에게 달려가서 위로를 받기 원한다. 가족이 그 역할을 못하면 누군가와 건강한 연결감을 가질 때 회복된다. 이 부분이 상담가의 중요한 역할이다. 가족과 단절된 사람이 상담자를 통하여 이해받고 연결되면 그 힘으로 자신을 이기고 가족을 서서히 품어갈 힘을 갖는다. 연합할 대상이 없는 사람은 생명력을 잃는다. 다른 것에 집착한다. 일중독이 되기도 하고 알코올, 마약, 쇼핑 등에 집착한다. 또한 사람의 인정을 받기 위해서 매달린다. 조금만 무시받아도 상처를 받는다. 부부는 배우자, 자녀는 부모와 연합해야 한다. 힘들 때 이런 소중한 대상이 없으면 길을 잃고 헤맨다.

호주에 유학을 간 고등학생 상우가 있었다. 부모는 가정불화와 사춘기로 반항하는 아들을 감당할 수 없어서 유학을 강제적으로 보냈다. 상우가 상담을 와서 고백한다.

"주로 한국 아이들과 어울려 지냈고 맛있는 것을 먹고 영화를 보고 게임을 하고 방에 돌아오면 그때부터 너무 외로웠어요. 끝없는 공허감이 밀려와서 마음이 괴로웠어요. 혼자라는 고독감은 말로 표현할 수 없을 정도로 고통스러웠어요. 등교하지 않은 주말에 혼자 있는 방은 감옥 같은 느낌이었어요. 룸메이트와 함께 방을 썼을 때도 방에 있는 모든 것은 가구처럼 느껴졌어요. 룸메이트도 위로가 되지 못했어요. 늘 악몽에 시달려요. 사람들이 쫓아와서 나에게 총을 쏘기도 하고 사람이 죽는 꿈이 많았어요. 그래서 밖을 나가기가 두려워져서 혼자 방에만 있었어요. 누군가가 나를 해코지 하지 않을까하는 마음까지 생겼어요. 방에 처박혀서 3개월간 머리도 깎지 않고 살았어요. 늘 외롭고 자살을 생각하기도 했고, 악몽 때문에 자는 것이 무서웠어요. 그래서 술을 마시고 쓰러져 잤어요."

누구와도 소통할 수 없었던 상우에게 부모님이 생각나지 않았냐고 물었다.

"전혀 생각나지 않았어요. 어릴 때부터 부모님은 내가 하는 말을 들어주지 않았어요. 내가 지금 이런 마음이 있다고 말해도 화를 낼게 뻔해요. 돈 들여서 보냈더니 쓸데없는 생각한다고 야단만 칠게 뻔해요. 그래서 혼자 고통을 겪는 것이 나았어요."

어린 상우에게는 자기 마음에 다가와서 위로해 줄 한사람이 필요했다. 처음으로 자신의 감정을 표현하고 얘기를 하면서 눈물을 흘린 상우는 힘을 얻어갔다. 그의 '감사'하다는 말이 가슴 아프게 다가왔다.

고립은 소중한 사람과 정서적으로 단절되어 혼자 있는 상태를 말한다. 상우는 그동안 철저히 고립되었다. 사춘기 때 부모에게 반항하고 학교에서 문제를 일으키자 부모에 의해서 보내진 곳이 먼 외국이었다. 정신 차리라고 보내진 곳에서 상우는 정신을 차릴 수 있는 내적인 힘이 없었다. 소중한 사람과 정서적으로 연합된 사람은 혼자 있는 환경에도 독립적으로 지낼 수 있다. 연합이 독립의 주춧돌이기 때문이다. 연합이 회복이다. 길을 다닐 때도 다른 사람의 눈이 의식되어서 자신감을 갖지 못했던 상우가 점차 고개를 들고 다닐 수 있게 되었다. 그리고 마지막 상담에서 그간의 자기 경험을 정리하는 말을 했다.

"개인에게 문제가 생기면 혼자 해결할 길이 없다는 사실을 알았어요. 저는 혼자 술도 마시고 담배도 피고, 친구를 찾아서 돌아다녔어요. 치료 방법이 없었어요. 그런데 이제 알았어요. 개인에게 문제가 생기면 누군가를 찾아가야 한다는 것이에요. 혼자 안간힘을 쓴다고 해결이 안되었어요. 내 얘기를 들어주고 있는 그대로를 받아주니까 시계에 태엽이 감긴 것 같이 느껴졌어요. 움직일 수 있게 되었어요. 영화와 술, 게임이 아니라 내가 기댈 수 있는 사람이 필요했어요. 이번 주말에는 아버지와 식사를 하기로 했어요. 다음 주에 엄마와도 식사를 할 생각이에요. 부모님이 미워서 아예 대화하지 않고 있었어요. 다음 달에 호주 들어가기 전에 제 마음을 얘기 해 보려구요."

연합이 생명이다. 상담으로 조금의 힘을 얻은 상우는 부모님과 연합을 시도한다. 소중한 사람과 단절된 사람은 그 상처를 풀려고 매달린다. 자신의 고통이 풀릴 때까지 타인의 고통을 볼 수 없다. 자신의 아픔에 매몰될 수밖에 없다. 자신의 내적인 안정을 찾아야 비로소 엉뚱한 관계와 물질에 집착하지 않는다. 인간은 연합의 속성을 갖고 있다. 건강하게 연합되지 않으면 엉뚱한 대상과 연합하게 된다. 상우가 예수님과도 깊은 연합을 경험하기 바란다. 소중한 대상과의 연합은 고통스러운 인생을 살맛나게 한다.

'남편과 아내가 연합하라'는 말은 부모와 연합된 자녀가 느끼는 안전감과 평안을 이 땅에서 경험하게 하시려는 하나님의 계획이다. 부부여 연합하라. 부부가 살아야 개인과 가정이 살아난다. 부부가 연합해야 남편과 아내, 그리고 가정이 산다!

둘이 한 몸이 되기 위한 관계의 작동 원리

부부가 이혼하는 이유는 한가지다. 배우자에게 자신이 더 이상 소중하지 않다고 느낄 때다. 애착대상과 연합된 사람은 자신을 소중하게 여긴다. 아내에게 자기 뼈 중의 뼈, 살 중의 살이라는 남편의 마음이 전해지면, 아내는 자신감이 생기고 자존감이 높아진다. 자신의 존재가치가 높아진다.

남편 역시 마찬가지다. 아내에게 무시받지 않고 소중하다는 느낌을 받는 남편도 살맛이 난다. 연합은 두 사람이 한 몸이 되는 것이다. 남자와 여자에서 '부부'가 되는 것이다. 부부라는 신체, 감정, 영적인 공동체가 되어가는 것이다. 평생을 두고 둘이 한 몸이 되어가는 과정이 부부 삶이다. 수학적인 덧셈과 관계의 덧셈은 다르다. 수학적으로는 1 더하기 1은 반드시 2가 되어야 한다.

하지만 관계는 1 더하기 1이 더 큰 1이 될 수 있다. 그러나 잘못 연합하면 마이너스가 될 수도 있다. 배우자의 행위에 대해서 어떻게 반응하느냐에 따라서 서로 갈라서기도 하고 서로 가깝고 하나라고 느낄 수 있다. 예를 들어 교통사고를 당한 아내가 남편에게 전화했다. 한 남편은 다음과 같이 반응했다. "낮에 할 일없이 차 몰고 돌아다니더니 꼴좋다. 도대체 차는 얼마나 부순거야?"

다른 한 남편은 다르게 반응한다. "그래? 많이 놀랐겠다. 당신 다친 데는 없어? 그럼 됐어. 내가 보험회사에 전화할게!"

상황은 같을진대 전자는 서로 분리되어 불행하다. 하지만 후자의 경우는 하나로 연합되고 그 사고가 두 사람을 더욱 친밀하게 만든다.

둘이 한 몸이 되면 오래된 상처, 중독, 문제 행동을 고쳐갈 수 있다. 내가 하는 행동이 배우자를 얼마나 힘들게 하고 해가 될지 공감이 된다. 연합은 배우자가 내 마음에 있는 것이다. 어떤 행동과 말을 할 때 그것이 어떤 영향을 주는지 알고 배려한다. 옳은 말이 중요한 것이 아니다. 성경에도 이를 이해할 수 있는 사건이 있다.

창세기 9장 20절과 21절에 노아가 자신이 농사지어 만든 포도주를 마시고 벌거벗고 누워있었다. 가나안의 조상인 함은 이 사실을 말했고 셈과 야벳은 뒷걸음치고 들어가서 벗은 몸을 덮었다. 함은 사실을 있는 그대로 말했다. 하지만 셈과 야벳은 그러한 것이 아버지 노아에게 미칠 영향을 배려 깊게 생각했다.

가정에서는 사실을 있는 그대로 말하는 것이 서로에게 독이 될 수 있다. 음식 솜씨가 없고, 무능하고, 세련되지 못하다는 등 상대의 단점을 그대로 말해야 도움이 된다고 생각하는 부부가 있다. 그렇게 말할 때 상대방에게 어떤 영향을 미칠지에 대해서 고려하지 않는다. 그래서 사실보다 더 큰 상처를 안겨 준다. 창세기 9장 24절에는 잠에서 깬 노아가 어떤 행동을 하는지 나온다. 사실을 있는 그대로 말한 가나안의 조상 함에게는 벌을 준다. "가나안은 저주를 받아 그 형제의 종들의 종이 될 것이다."

하지만 아버지의 허물을 덮고 그 사실을 숨겨 준 셈은 여호와를 찬송하게 된다. 이렇듯 행동에 의한 결과는 완전히 달랐다. 이와 같이 가정에서 주는 상처는 대부분이 옳은 말, 맞는 말이다. 사실을 말하는 것이다. 그 말이 상대에게 미칠 파장을 전혀 고려하지 않기 때문에 상처가 깊어진다. 옳은 말이 사람을 변화시키는 것이 아니라 좋은 관계가 사람을 변화하게 한다. 사실보다 관계가 우선이 되어야 한다. 특히 가정은 그래야 한다. 가정은 관계에 상처를 받은 가족에게 안식처가 되어야 한다. 옳은 말로 주눅 들게 하는 것이 아니라 비록 실수를 했지만 극복할 수 있다고 안아 주는 것이 필요하다. 부모의 학벌이 뛰어난 가정에서 자란 자녀들이 더 크게 상처를 받을 수 있다. 늘 옳고 그름을 판단하는 태도가 자녀의 삶을 멍들게 한다.

관계의 작동 원리

이렇게 둘이 한 몸으로 연합되려면 관계의 작동원리를 알아야 한다. 관계는 끊임없이 서로 주고받아야 건강하게 성장한다. 주고받지 않은 관계는 성장하지 못한다. 이를 '순환성의 원리'라고 한다. 부부는 주고받아야 된다. 공기와 마찬가지로 관계도 순환되어야 생명력을 유지한다. 한 사람이 힘을 갖고 상대를 한 방향으로 몰아가면 성장이 멈춘다. 연합은 상대방을 인정할 때 가능하다. 배우자를 인정할 때 그 사람과 일대일로 연합을 시도한다.

그런데 상대를 인정하지 않으면 연합이 아니라 힘으로 누르고 내 것을 따르라고 강요하는 주종관계가 된다. 협박이 될 수 있다. 주고받을 대상이 아니라 일방적으로 끌고가야 할 대상으로 전락한다. '남자는 하늘, 여자는 땅'이라는 불균형적인 관계는 부부 연합을 이루기 어렵다. 서로 하는 일을 존중해야 연합이 가능하다. 남편이 하는 집 밖의 일과 아내가 하는 집안일을 서로 소중하게 여겨야 연합이 가능하다. '집에서 뭐 하는 일이 있어?'라는 생각은 부부 연합의 방해꾼이다. 아내에 대하여 연합을 위한 동등한 대상이 아닌 무시하고 하찮은 일을 하는 사람으로 생각해서는 건강한 연합이 가능하지 않다.

물론 밖에서 일하는 남편의 노고를 하찮게 여기면 안된다. 부부는 한 몸이니까 무조건 자신이 하는 대로 따라와야 한다며, 자기 마음대로 구는 사람이 많다. 예를 들면 밖에서 술을 마시고 외박을 해도 남편을 이해를 해야 된다고 생각한다. 결혼 전에 사치를 했던 습관을 바꾸지 않으면서도 사랑하면 다 해 줘야 된다고 생각한다. 서로 주고 받는 관계가 아니라 일방향적인 관계는 고통을 낳는다. 배우자가 건강한 대상이 아니라 자신의 모든 것을 채워 주고 따라 주어야 한다고 여긴다. 내가 상대에게 주는 영향을 끊임없이 이해할 때 관계는 안정을 찾고 위로가 된다.

순환성의 반대는 일방향성이다. 우리는 어릴 때부터 순환성보다는 일방향적인 관계에 익숙하다. "너 때문에 일을 망쳤어", "너 때문에 못살겠다", "네가 실수하니깐 도망가지", "네가 회피하니까 화를 내는 거야" 이 뿐이 아니다. "너가 화나게 해서 때린 거야. 나는 아무 이유 없이 남을 때리지 않아." 이를 넘어서 "너 때문에 외도를 했어"라고 자신의 행동을 정당화한다. 그 행동이 상대방에게 어떤 영향을 주는지 전혀 고려하지 않는다. 부부 싸움의 원인이 배우자에게 있다고 생각한다. 아내가 화를 내면 남편은 회피한다. 남편이 회피하면 할수록 아내는 점차 분노한다. 남편이 멀어지면 질수록 아내의 분노는 더욱 격해진다. 그러면 남편은 평화를 유지한다는 생각에 점점 멀어져 간다. 그때 아내는 관계 회복을 위해서 화를 내고 달려든다. 부부 관계는 이렇게 끊임없이 주고받으며 발전한다.

폭력과 외도를 빼면 부부 싸움 후 반드시 내가 사과를 해야 할 부분이 있다. 모든 부부는 불화를 겪는다. 가족부부치료전문가는 외도와 폭력에 대하여 순환성이 적용되지 않는 개인의 문제로 본다. 어떤 이유로도 외도와 폭력은 정당화 될 수 없다.

자신이 옳다는 생각은 불화가 심하다는 증거다

불화가 심한 부부 일수록 자신이 옳고 배우자가 잘못이라는 딜레마에 빠진다. 자신이 옳고 배우자가 잘못이라는 생각에 갇혀서는 부부 갈등을 절대 풀 수 없다. 이때 부부는 누가 옳고 그른 것이 아니라 심각한 불화 상태에 빠진 부부의 현실을 알아야 한다. 나의 옳음이 배우자를 죽일 수도 있다.

'자식 농사 내 마음대로 안 된다'는 말이 있다. 이는 관계의 순환성에 해당한다. 과거에는 자식을 부모 마음대로 해도 된다고 생각했다. 몇 년 전에 상담했던 남편이 있었다. 어린 시절 자신감이 없었고 주춤거리면 아버지는 '야 이런 계집애 같은 놈아!'라고 핀잔을 주었다. 실수를 하거나 소극적인 태도를 보일 때마다 아버지는 계속해서 비난하고 야단을 쳤다. 아들이 강해지라며 심하게 때리기도 했고, 담력을 키운다고 빛 하나 없는 어두운 방에 가두기도 했었다. 그렇게 해야 세상을 이겨낼 강한 남자가 된다고 굳게 믿었다. 그 남편이 결혼해서 역으로 가사와 육아를 담당하고, 아내가 밖에서 일을 하고 있었다. 남편은 상담을 하면서 자신의 마음을 표현했다.

"아버지 앞에 서면 늘 자신이 없었어요. 주눅이 들고 부끄러워서 마음을 표현할 수 없었어요. 한 번도 내 감정을 이야기해 본 적이 없어요. 이십대가 되어서도 남들 앞에 나서는 것이 자신이 없었어요. 가슴이 떨리고 긴장이 되고. 아버지는 나보고 강해지라고 늘 말했는데 그렇지 못하고 자신이 없어 하는 내 모습에 죄책감이 들었어요. 몇 차례 입사를 했지만 회사 생활도 힘들고 사람들과 부딪히는게 싫어서 아내가 일을 나가고 제가 가사를 하고 있어요. 아내에게 미안한데 저는 아이들을 아버지처럼 강압적으로 키우지 않고 있어요. 친절하게 대하고 있어서 아내도 만족하고 있어요. 어릴 때 아버지가 야단칠 때 정말 무서웠어요. 아버지를 마주 칠까 늘 조마조마했어요. 지금 돌아가시지 않았으면 제 이런 심정을 한번 속 시원하게 말하고 풀고 싶어요. 그때 내가 너무 힘들었다고 아버지 앞에서 실컷 울었으면 좋겠어요. 아버지가 이런 저의 마음에 다가와서 '미안하다'는 한마디 말만 해 줘도 응어리가 풀릴 것만 같아요.

아직도 상처를 안고 있는 내 자신이 원망스러워요."

분명 아버지는 자식을 강하게 키우려 했다. 하지만 아들의 목소리를 듣지 않았다. 자신의 생각대로 밀어붙이면 될 줄 알았다. 하지만 아버지의 바람과 정반대의 결과가 벌어지고 말았다.

부부도 서로 선순환을 이루어야 한다. 상대방의 감정과 생각에 귀를 기울이면서 서로 조율해야 한다. 일방향적으로 밀어붙이면 아무리 옳은 얘기라도 고통이 된다. 정답만 말하는 가정은 답이 없다. 감정으로 상처받는다. 냉장고에 시든 야채만 보고 비난하고 화를 내다가 깊어 가는 아내의 외로움을 보지 못한다. 돈 버는 가장의 역할만 몰아세우다가 죽고 싶을 정도로 힘든 남편의 고통을 놓쳐서 우울증에 빠지게 만든다. 다시 말하지만 옳은 말이 사람을 바꾸는 것이 아니라 좋은 관계가 사람을 바꾸고 행복하게 만든다. 엄밀하게 말하면 선순환적인 관계가 행복을 만든다. 세상에서 자신을 진심으로 믿어 주고 칭찬해 주는 한 사람이 있으면 살맛나지 않을까? 하물며 부부가 서로를 위로하고 지지하면 행복하지 않겠는가? 그렇게 부부는 서로에게 강한 힘을 줄 수 있다.

비난으로는 고칠 수 없다

두 번째 관계가 작동하는 원리는 보완성이다. 상대방의 단점은 비난으로 회복되는 것이 아니라 지지하고 보완해 주면 사라진다. 교회에서 집회하며 배우자의 단점을 비난하고 공격해서 고친 사람이 있으면 손을 들어보라고 물었다. 한 장로님께서 손을 든다. 그 분은 성경에도 없는 '비난의 은사'가 있으신 모양이다. 그런데 아내인 권사님이 장로님의 손을 끌어내리면서 한마디 한다. "내가 참고 봐 줬는데 고쳐졌다고 생각하나보네. 내 마음은 불덩이고 한이 맺혀 있어. 참고 있는 걸 몰라. 소장님! 이 영감 아직도 철이 안 들었어요."

장애도 가족이 끌어안으면 사라진다. 자신감을 회복한다. 그런데 멀쩡한 자녀를 비난하고 공격해서 장애를 만드는 가정이 많다.

둘이 하나 되는 관계의 법칙

관계의 세 번째 원칙은 '비합산의 원리'다. 앞에서 언급했듯이 일반 셈의 1 더하기 1은 2가 된다. 하지만 관계는 답이 1도 되고 100이 될 수도 있다. 심지어 마이너스 100이 될 수도 있다. 착한 두 사람이 만나면 엄청 착하게 살 확률이 높다. 하지만 관계가 잘못 작동하면 엄청 악해 질 수 있다. 조폭과 조폭 마누라가 행복한 가정을 꾸릴 수 있는데, 신앙이 좋은 부부가 조폭처럼 살 수도 있다. 정신과 의사 두 사람이 만나도 정신적으로 피폐해 질 수 있다. 법관 두 명이 결혼해도 무법천지가 될 수 있다. 도둑질하는 부부가 행복한 부부 관계를 유지할 수 있다. 배운 사람이 무식하게 싸울 수도 있고, 무학인 분들이 결혼해서 고상해져 갈 수 있다. 순환성을 모르고 일방적으로 행동하거나, 상대의 단점을 보완하지 않으면 관계는 악순환이 된다. 아무리 옳은 말이라도 상대의 감정을 모르면 독이 될 수 있다.

마찬가지로 연합하지 못한 부부는 마이너스의 삶을 살아간다. 단점 때문에 부딪히게 된다. 그러나 연합되면 플러스의 삶을 살고 장점이 드러나게 된다. 연합하지 못하면, 대화법을 가르치는 전문가도 배우자와 대화를 할 수 없다.

관계는 변화보다 유지하려는 속성이 강하다

네 번째는 '항상성'의 원리다. 관계는 한 번 자리를 잡으면 변하지 않으려는 속성이 강하다. 관계는 변화하기보다는 지금의 속성을 유지하려고 한다. 한두 번의 상담으로는 변화가 일어나지 않는다. 그래서 한번 상담하고 "이 사람은 안 변한다"고 말하는 사람도 있다. 이런 태도가 배우자를 변화하지 못하게 만든다. '배우자가 변해야 된다'라는 일방향적인 태도가 결국은 문제다. 부부가 변화하려면 상담을 어느 정도 지속해야 한다. 어떤 관계도 하루아침에 변화되지 않는다.

"변화를 하겠다는 다짐을 당장 하더라도 주중에 싸움이 있을 것입니다. 그 싸움이 회복을 방해하지 않는다는 사실을 기억하세요. 관계는 무 자르듯이 바로 변하지 않습니다. 계속 두드리다 보면 점차 변화할 것입니다. 그래서 주중에 이전과 같은 패턴으로 다투더라도 다음 주 부부 세미나에 반드시 참여해야 합니다. 계속해서 다지고 다져야 부부 관계가 선순환하게 됩니다. 관계가 좋아지면 이제 그 변화를 즐기며 나빠지지 않으려고 노력하게 됩니다. 긍정적인 관계로 변화가 되면 그 관계를 유지하려 합니다. 나빠지지 않게 서로를 지지하고 위로하게 될 것입니다. 그런 변화가 생길 때 까지 어느 정도의 시간과 꾸준한 노력이 필요합니다."

관계는 함께 노력할 때 급격히 변한다

마지막으로 관계의 원리는 '변형성'이다. 관계는 누군가 노력하면 반드시 변화가 된다. 부부 두 사람이 함께 노력하면 그 변화의 속도와 깊이는 두 배가 아니라 기하급수적으로 빠르고 강하다.

부부 회복 관련 방송 프로그램에 참여하고 있을 때 얘기다. 담당 PD가 상주하면서 촬영하기도 하지만 관찰 카메라를 설치하고 철수하는 경우도 있었다. 두 사람만 있는 상태에서 촬영된 내용을 주면 관찰된 내용을 분석한다. 재미있는 장면이 그 속에 있다. 남편이 카메라가 촬영되는 곳을 의식하면서 계속 청소를 한다. 그때 아내의 날카로운 목소리가 들려온다. "청소 집어치워! 평소대로 해!"

그런데 어느 집은 카메라를 켜고도 아무것도 하지 않는 부부가 있다. 조금 시간이 지나면 아내의 날카로운 목소리가 들려온다. "정말 못 살겠어. 당신은 카메라가 있어도 아무것도 안하냐?"

이렇듯 부부는 변화를 받아들이기 어렵다. 그렇지만 동시에 변화를 갈망한다. 변화를 시도하는 남편과 아내들에게 이를 명심하고 꾸준함을 조금만 더 보이라고 말해 주고 싶다.

5월 21일은 부부의 날이다. 둘(2)이 하나(1)되는 날이라고 부부의 날은 21일이 되었다. 창세기의 둘이 한 몸을 이루라는 취지에 21일은 의미가 있다. 이때 부부 십계명을 제시했다.

〈부부 십계명〉

1. 두 사람이 동시에 화내지 마세요.
2. 집에 불이 났을 때 외에는 고함을 지르지 마세요.
3. 눈이 있어도 흠을 보지 말며 입이 있어도 실수를 말하지 마세요.
4. 아내나 남편을 다른 사람과 비교하지 마세요.
5. 아픈 곳을 긁지 마세요.
6. 분을 품고 침상에 들지 마세요.
7. 처음 사랑을 잊지 마세요.
8. 결코 단념하지 마세요.
9. 숨기지 마세요.
10. 서로의 잘못을 감싸주고 사랑으로 부족함을 채워지도록 노력하세요.

제시된 십계명을 잘 이행하려면 배우고 치료하고 노력해야 할 부분이 많다. 그중에서도 8계명 '결코 단념하지 말라'는 말은 노력하면 반드시 변화가 된다는 변형성의 원리를 떠올리게 된다. 숨기지 않으면 모든 것을 부끄럽지 않게 해 준다는 사실을 명심하라.

▶▷ 생각 바꾸기

배우자와의 불화가 더 이상 해결될 수 없다는 생각을 버려라. 과거의 사건에서 벗어나면 반드시 해결될 수 있다. 상처를 받은 배우자에게 진심으로 사과하라. 진심은 통하게 되어 있다. 그러나 이 모든 것이 하루아침에 되지 않는다. 시간을 두고 서로에 대한 기대감을 품고 천천히 한 걸음씩 나아가라. 일방적인 노력만으로는 불가능하다. 함께 노력해야 한다. 이 과정을 통해 더 단단한 부부가 될 것이다.

▶▷ 실천하기

- 외도와 폭력을 한 경우 진심으로 용서를 구하고 피하지 말라.
- 자신이 배우자에게 상처를 주었던 부정적인 행동과 말을 기록하고, 사과한다.

▶▷ 기도하기

"우리 부부의 회복을 약속해 주심에 감사합니다. 진심으로 남편(아내)의 마음에 다가겠습니다. 제 실수를 인정하고 용서를 구하게 하소서. 주님의 사랑으로 우리 부부를 묶어 주시고 축복해 주소서."

당신을 내 편으로 만드는 6단계

Step 6

부부가 하나 되면 가문이 바뀐다

부부 연합이 낳는 믿음의 선순환

Question "소장님, 저 같은 자식을 낳고 싶지 않아요."

늘 싸우는 부모님을 보며 자랐어요. 부모님이 싸울 때면 너무 무서워서 동생과 작은 방에 숨죽여 있었어요. 자는 척을 하면서요. 어린 마음에 부모님이 헤어져서 고아가 될까봐 두려웠어요. 그때 생긴 불안이 아직도 사라지지 않았어요. 제가 아이를 낳으면요? 음... 저 역시 같은 행동을 반복할까봐 무서워서, 만약 결혼을 해도 자녀를 낳고 싶지 않아요.

연합이 축복의 통로다

부부의 아주 중요한 축복과 사명은 하나님의 형상을 닮은 자녀를 출산하는 것이다. "하나님이 자기 형상 곧 하나님의 형상대로 사람을 창조하시되 남자와 여자를 창조하시고 하나님이 그들에게 복을 주시며 하나님이 그들에게 이르시되 생육하고 번성하여 땅에 충만하라, 땅을 정복하라, 바다의 물고기와 하늘의 새와 땅에 움직이는 모든 생물을 다스리라 하시니라"(창 1:27-28).

가정을 통한 축복의 계획은 부부의 연합에 있다. 인간이 생육하고 번성하고 충만하여 다스리려면 결혼으로 자녀가 탄생되어야 한다. 부부가 연합되지 못한 가정에서 자란 많은 자녀들이 결혼을 쉽게 포기한다. 하나님께서는 자신의 형상을 닮은 인간을 재창조할 수 있는 권위를 부부에게 주셨다. 하나님의 인간 창조와 같은 사역을 부부가 대신할 수 있다. 그것도 하나님이 만든 인간과 똑같은 하나님의 형상을 닮은 인간을 말이다.

가정에서 겪는 고통과 불행은 자녀들이 결혼을 꿈꾸지 못하게 만들었다. 하나님께서 가슴 아파 할 상황이 지금 우리에게 벌어지고 있다. 2010년 삼성경제연구소의 '저출산 극복을 위한 긴급제언'의 내용은 충격적이다. 2100년에 한민족 인구는 지금의 절반도 안 되는 2천만 명으로 줄 것이고, 2500년에는 33만 명으로 줄어들 것이라고 예상했다. 이는 결국 한민족의 소멸을 예상하는 것이다.

미국 중앙정보국(CIA)의 월드 팩트북을 보면 한국의 합계출산율은 1.19명으로, 224개국 가운데 세계 최하위권인 220위라고 했다. 2006년 영국 옥스퍼드대학 인구문제연구소의 데이비드 콜먼 교수는 대한민국을 '지구상에서 제일 먼저 사라질 수도 있는 나라'로 꼽았다. 우리의 자녀가 가정을 꿈꾸게 해야 한다. 가정이 사랑으로 연합되어 세상에서 겪은 고통을 위로받는 경험을 해야 한다.

결혼하지 않은 사람이 늘어가고 있다. 결혼해도 자녀를 출산하기를 포기한 젊은 세대가 많다. 인구를 늘리기 위해서 출산율을 높이는 것도 필요하지만 먼저 결혼을 포기하는 일이 줄어야 한다. 그런데 청년들이 결혼을 포기하고 있다. 경제와 개인의 문제도 있지만 부모님이 부부로서 행복한 결혼생활의 본보기를 보여 주지 못해서 거부하는 청년이 많다. 부부 연합이라는 사랑의 모델을 보고 자란 것이 아닌, 지긋지긋하기만 했던 가정생활을 경험한 이들은 결혼 자체에 대해 회의적이다. 그들의 눈에는 부부만큼 불행해 보이는 관계도 없다.

물론 이것이 이유의 전부는 아니다. 청년 실업, 경제적 압박, 개인을 소속감보다 강조하는 시대적 흐름이 원인일 수 있다. 하지만 가정에서 행복과 따뜻함을 경험하지 못한 자녀들이 가정을 포기하고 있는 것은 맞다. 가정에서 위로가 없고 상처를 받은 자녀들이 결혼을 거부하고 있다.

"저 같은 자식을 낳고 싶지 않았어요. 저는 지금까지 행복하다는 생각을 해 본 적이 없어요. 어릴 때는 늘 부모님이 싸우는 모습만 봤어요. 동생하고 작은 방에서 숨죽이고 싸움이 끝나기를 기다렸어요. 동생은 제 품에서 벌벌 떨고 있었고 나는 동생을 안고 형이라서 힘들지 않은 척하며 달래 주었어요. 사실 저도 너무나 무섭고 두려웠어요. 우리가 고아가 될 수 있다는 생각을 했으니까요. 그때 내 마음 속에 각인된 불안감이 성인이 되어서도 사라지지 않았어요. 기본적으로 제 기분은 울적함이에요. 저는 저와 같이 이런 감정으로 살아가는 아이를 낳고 싶지 않아요. 그래서 결혼을 하고 싶은 마음이 없어요. 동생도 지금 외국에 나가서 혼자 지내고 있어요. 부모님과는 연락을 끊고 지내고 저하고만 가끔 연락해요."

부모와 인연을 끊고 지내는 자녀도 많다. 부모의 곁을 떠나고 싶어 하는 자녀들도 많다. 얼마나 가슴 아픈 일인가. 결혼 후 연락을 끊은 아들도 있다. 심지어 결혼식에 부모를 초대하지 않는 아들이 있었다. 연합되지 못한 부모에게 상처를 받은 자녀는 부모와 단절을 선언한다. 사랑받지 못함의 표현이다. 연합된 부모가 자녀를 사랑하면 자녀는 독립한다. 부모처럼 행복한 결혼생활을 꿈꾼다. 우리의 자녀들이 "부모처럼 살고 싶어요"라고 말하길 기대해 본다.

부부 연합의 가문은 전수된다

우리는 부부로 연합된 건강한 가문을 전수할 수 있다. 부부의 결혼으로 한 가정이 새롭게 탄생한다. 그리고 그 가정은 부부의 죽음으로 끝이 난다. 하지만 최근에는 결혼이 부부의 죽음으로 끝나지 않고 이혼으로 끝나는 경우가 많아졌다. 한 가정의 탄생과 죽음은 부부 관계와 함께한다. 그래서 가정의 핵심은 부부다. 부부가 중심을 잡고 있어야 '빈둥지증후군'도 사라진다.

말 그대로 자녀가 떠나고 부부만 남았을 때 찾아오는 위기가 빈둥지증후군이다. 둘이 남으면 어떻게 해야 할지 모른다. 부부가 연합하지 못하고 자녀에게 매달리며 살다가 자녀가 집을 떠나면 고통이 따르고 우울해진다.

또 최근에 연세 드신 분의 상담이 늘고 있다. 황혼 이혼의 증가로 나타나는 현상이다. 경제적으로 힘든 시기에는 먹고 사는 문제가 결혼생활에 중요한 부분이었다. 하지만 최근에는 남은 삶이라도 정서적으로 안정되고 편안한 삶을 살고 싶어 하는 분들이 많다.

아내의 분노와 간섭에서 벗어나 혼자 무엇을 해서라도 먹고 살 수 있다며 이혼을 원하는 남편이 있다. 반대로 어느 부인은 결혼 전에 남편이 성실하고 자상하고 착한 사람이라서 의사소통이 어려운 것 빼고는 나무랄 것이 없었다고 한다. 이는 살아가면서 얼마든지 극복할 수 있겠다고 생각했다. 당시에는 남편이 가진 장점 98퍼센트가 소통이 조금 어려운 2퍼센트를 얼마든지 덮을 수 있다고 생각했기에 결혼을 했다. 남편은 원만한 사업으로 인해 경제적으로 안정되어 있었기도 했다. 그런데 결혼생활 40년 만에 진심을 말한다.

"소장님, 남편이 성실하고 착한 사람이라 지금 자녀들 교육도 끝나고 경제적으로는 안정된 결혼생활을 하고 있어요. 우리 가정을 다들 부러워해요. 그런데 제가 상담을 온 이유가 있어요. 사실 저는, 남편과 이렇게는 더 이상 못 살겠어요. 결혼 전에 2퍼센트 부족했던 정서적 소통이 이제 우리 부부 관계의 100퍼센트가 되어 버렸어요. 98퍼센트 장점을 그것이 가릴 줄 몰랐어요."

아내의 말을 들으면서 부부의 연합이 결혼의 본질임을 실감하게 된다. 연구소에서 실시하는 상담과 부부 세미나를 통해서 남편은 소통하는 방법을 연습하고 배웠으며 회복되었다. 부부가 연합하지 못하면, 결혼 초반은 물론 황혼에도 위기가 찾아온다. 시기와 상관없이 언제든 위험이 도사린다.

사랑이 넘치는 가정은 노력으로 만들 수 있다. 그저 가정의 행복을 남편이 도박이나 외도를 하지 않고, 폭력 쓰지 않으면 주어진다고 여기기에는 가정은 너무 큰 존재다. 불행하지 않으니까 행복하다는 사고는 가정을 너무 가볍게 생각한 것은 아닐까. 사랑을 표현해야 가정에서 사랑을 느낄 것이다. 표현하지 않아도 사랑하고 행복하게 여기라는 말은 한국 가정의 슬픔이다. 사랑을 표현하지 못한 불행한 가정은 계속 대물림된다. 이제 사랑을 표현하는 건강한 가정이 대물림되어야 할 때다.

사랑의 표현은 배울 수 있다. 끊임없이 매일매일 일상이 되어야 한다. 매일 구운 신선한 빵을 기대하듯 사랑도 매일 새롭게 표현될 때 기대하게 된다. 매일 똑같은 '사랑한다'는 표현 역시 반복되어야 한다. 그럴 때 사랑도 신선하고 생기를 갖게 된다. 표현하지 않으면 사랑은 차갑게 식어 버린다. 사랑의 표현은 가정의 축복을 전수하는 가장 좋은 방법이다. 부부가 연합하여 배우자의 마음을 경청하는 가문이 훌륭한 가문이다.

30대 젊은 부부가 부모와 단절하려 한다. 오랫동안 부모님은 늘 싸우고 아버지는 어머니를 무시했다. 아버지는 어머니의 존재 자체를 인정하지 않았다. 아버지의 막무가내로 휘두르는 힘에 눌려 지냈던 유년 시절을 생각하면서 남편은 부모와 떨어져 지내려 했다. 부모가 자신들이 살았던 방식으로 부부생활을 간섭할 것 같아서 싫다. 부모가 살고 있는 집에 가고 싶지 않다.

부모가 연합되어 있을 때, 결혼 한 자녀가 편안하게 본가를 찾아올 수 있다. 배우자에게 자랑스럽게 자신의 부모를 보여 줄 수 있다. 부부가 연합하면 부끄럽지 아니하듯이 부모와 연합된 자녀도 부끄럽지 않고 떳떳한 삶을 살아간다. 부모가 싸우면 자녀들은 자신이 뭔가 잘못해서 싸운다고 생각한다. 갈등이 심한 가정은 단절을 시도하지만 사랑이 넘치는 가정은 독립하게 된다. 독립된 자녀는 다시 만남을 기대하지만 단절된 자녀는 고립되어 살아간다. 부모를 만나기 싫어한다. 세대 간 고립을 만든다. 부모가 연합되어 있어야 장성한 자녀들이 그 품안에 모이게 된다. 그런 가정이 훌륭한 가문이다. 부부가 살아야 가문이 산다.

가정 행복은 꿈이 아닌 이룰 수 있는 현실이다

가정은 행복할 수 있다. 아니 가정이 아니면 개인주의가 팽배한 이 시대를 살아가는 우리가 상처받은 마음을 위로받을 곳이 없다. 부부는 서로 아끼며 사랑해야 한다. 자녀가 부모의 연합을 보면서 자신의 행복한 미래 가정을 꿈꾸게 해야 한다. 그렇게 되려면 부부가 살아야 한다. 부부 중심의 가정이 회복되어야 한다.

가정 회복의 중심 축은 부부의 연합이다. 결혼생활은 부부의 연합을 이루는 과정이다. 땅에 충만하고 번성하고 다스릴 인간의 축복은 부부가 연합할 때 가능하고 세대를 통해서 전수된다. 축복이 대대로 흘러 갈 수 있다. 성경적인 좋은 가문은 하나님 사랑 안에 부부가 연합하는 가정이다. 무엇도 이를 대신할 수 없다. 가정의 위아래를 받치는 허리는 부부다. 부부가 든든해야 세대 간에 갈등이 줄어든다. 세대를 아우를 수 있다.

이렇듯 가정을 통한 하나님의 축복은 부부의 연합에 있다. 훌륭한 가문은 할아버지와 할머니가 연합하여 부모에게 사랑을 준다. 그 사랑의 힘으로 부모가 부부로서 연합한다. 그 사랑을 받은 손자 손녀가 부부로서 연합하는 것이다. 이렇게 대물림될 때 아브라함의 많은 후손의 축복을 이어갈 수 있다. 부모의 연합의 강도는 대물림됨을 명심하자. 부모가 부부로서 연합이 약하면 자녀의 가정도 연합이 약하다. 부부 연합의 역사가 지금 우리 세대를 마지막으로 끝나서는 안 된다. 예수님이 오실 때까지 이어져야할 사명이다.

연합이 주는 이득

Question "도대체 넌 누굴 닮아 공부를 이렇게나 못해? 하긴, 누구긴 누구야. 엄마 닮은 거지."

아들이 녀석이 성적표를 받아온 날은 꼭 남편과 싸우게 되요. 아이의 단점은 무조건 저를 닮았다고 하는 남편이 꼴도 보기 싫어요. 자녀를 여섯이나 키운 시어머니를 거들먹거리며 겨우 하나도 제대로 못 키운다는 말이 가슴에 콕콕 박혀요. 양육이나 교육 문제에 무조건적으로 제 책임을 하는 남편과는 더 이상 말도 섞고 싶지 않아요.

가족 및 부부 연합으로 인간이 얻는 축복은 많다. 이미 언급했듯이 한국 사회의 고질적인 고부갈등을 풀 수 있는 해결책이다. 지금도 상담실을 찾는 수많은 부부가 고부갈등으로 고통 받고 있다. 부부라는 우선순위가 회복되면 주변의 관계를 회복할 수 있는 힘이 생겨난다. 현대에 일어나는 장서 갈등의 해결 역시 부부의 연합이 될 때 가능하다. 고부갈등은 효도라는 명제로 푸는 것이 아니라 부부 연합으로 풀어야 한다. 효도를 강조하기보다 부부가 먼저 연합되면, 효도는 쉬워진다.

기독교는 효도의 종교다. 출애굽기 20장 12절은 "네 부모를 공경하라 그리하면 네 하나님 여호와가 네게 준 땅에서 네 생명이 길리라"고 말씀한다. 결혼한 자녀는 먼저 연합해서 부부가 함께 효도해야 한다. 아들과 며느리가 하는 유교식 효도가 아니라 부부가 함께 하는 효도여야 한다. 최근의 젊은 부부 중에는 효도는 셀프라며 각자 자기 부모를 챙기는 경우를 만난다. 그것을 보고 있는 부모는 가슴이 아플 것이다. 자신의 부모를 각자 찾아가는 부부가 있다. 연합되지 못한 부부는 부모에게 근심이 된다.

부부가 연합하면 집안의 기류가 따뜻해지고 각자의 위치에서 최선을 다하는 안정된 가정을 이룬다. 양가를 방문하는 데 어려움이 없다. 효도가 살아나고 양육이 쉬워진다. 부부가 연합되면 효도와 자녀 양육이 더 이상 그렇게 힘든 과제가 아니다. 부부가 그런 일을 함께 도모하면서 그것이 다시 부부 연합의 재료로 사용한다.

연합된 부모의 사랑을 받고 자란 자녀는 정서적 안정감을 갖는다. 자녀 양육에 강하게 영향을 미치는 것은 남편과 아내, 개인의 성격이 아니라 부부 관계가 더 큰 영향을 미친다는 연구 결과가 있다. 연합된 부모의 사랑을 받은 자녀는 자신과 타인을 모두 사랑할 수 있다. 연합된 부모는 자녀에게 문제가 발생하면 함께 해결 방법을 찾아간다. 서로 자녀를 잘못 키웠다거나 영육을 등한시 했다는 식의 고리타분한 논리로 배우자를 비난하지 않는다. 가정에서 일어나는 모든 문제를 배우자의 탓이 아니라 '부부 공동'의 문제로 여기고 해석한다. 과거 가부장적인 가정에서는 자녀 문제를 서로의 탓으로 돌렸다.

"집구석에서 당신 도대체 뭐하고 있는 거야. 하나 밖에 없는 자식도 제대로 못 키워? 우리 어머니는 여섯 명을 길렀어. 밥 먹는 게 아깝다. 돈 벌어 주면 집안이 잘 돌아가게 해야 될 거 아냐."

"그래 그 시어머니가 애지중지 기른 당신은 왜 이 모양이야? 허구한 날 남 탓만 하고, 화를 내고! 내가 보기엔 시어머니가 기른 당신보다 내가 기른 내 새끼들이 더 나아! 당신은 애를 위해서 뭐 했어. 맨날 밖으로만 돌고 자식이 무슨 생각을 하고 있는지 뭘 하고 있는지 관심이나 있었어? 우리 자식이 저렇게 되는 것은 다 당신 닮은 거야."

탓 하는 순간 부부 연합은 깨졌다. 둘이 하나 된 '우리'가 아니라 '너'와 '나'라는 식으로 단절되어 버린다. 그러나 부부가 연합하면 문제를 공공의 적으로 삼아 해결한다. 부부 연합이 깨지면 문제를 해결하지 못하고 배우자를 고치려 든다. 부부가 문제에 공동 대처하면서 연합이 강화된다. 부부가 연합되어 있어야 가출한 자녀가 집에 돌아올 수 있다.

한 예로 가출했던 아들이 새벽에 집 앞까지 왔다가 부모의 싸우는 목소리를 듣고 옥상에 올라가서 자살을 한 일이 있다. 그날도 아침부터 부부는 서로를 탓하고 아들을 욕하며 고래고래 소리치며 싸우고 있었다. 아내는 아침에 집에 들어오려던 아들이 부모가 싸우는 소리를 듣고 옥상으로 올라가서 자살했다는 사실을 알고 뒤늦은 후회를 하고 있었다. 자녀의 가출을 서로를 탓하며 비난하는 부모의 싸움을 들은 아들은 자신이 모든 불화의 근원이라고 생각했을 것이다.

부부가 연합하지 못한 결과다. 고부갈등과 자녀 문제는 부부가 함께 해결해야 한다. 배우자의 어릴 때 상처도 부부가 함께 회복할 수 있다. 주의해야 한다. 부부 연합의 깨어짐은 다른 누구도 아닌 자녀에게 가장 큰 상처를 입힌다. 역으로 말하면 부부 연합이 자녀가 안정되게 자라게 만드는 자양분이다.

연구에 의하면 부모와 안정적인 애착을 형성한 자녀는 우는 행동이 줄고 자신감을 갖고 타인을 더 신뢰하는 것으로 나타났다. 하지만 부모와 애착 형성이 불안정하면 불안이 많고 정서적으로 미성숙하고 또래 아이보다 어린 행동을 보였다. 그리고 무엇보다 애착형성이 불안한 아이는 그렇지 못한 아이에 비해서 평균적인 지능지수(IQ)가 낮았다. 이는 과학적으로 밝혀진 사실이다. 부모와의 연합이 지능과도 연관이 있다니!

사랑하는 부모와 네 살까지 경험한 정서적 상호작용이 신경의 성장과 연결을 촉진하는 생화학적 과정을 부채질하여 뇌가 빠른 속도로 성장한다. 신경은 자극을 받지 못하면 죽는다. 이러한 신경의 활동은 정서적인 상호작용이 자극한다. 정서 자극이 없으면 뇌신경의 수가 줄어들고 발달하지 못하며 화학물질의 공급이 줄어든다. 인간관계와 마찬가지로 뇌신경의 발달에 정서적 소통이 중요하다. 정서적 상호작용은 사회적인 유대감형성 뿐 아니라 뇌 발달에도 소중하다.

페퍼딘대학교 심리학과 루이스 카졸리노 교수는 "상호작용을 하지 못하면 뇌세포와 인간은 말라버리거나 죽게 된다"고 연합의 중요성을 강조했다. 세포는 소멸되고 인간은 우울증에 빠진다는 것이다. 인간관계와 마찬가지로 인간의 두뇌 역시 관계 지향적이다.

부부가 연합되면 남편과 아내가 과거 원가족으로부터 받은 상처를 회복할 수 있다. 부모의 사랑과 부부의 사랑은 비슷하다. 인간의 실존을 결정한다. 자녀는 부모의 시각에 의해서 자신의 존재 가치를 확인한다. 결혼한 성인은 배우자와의 관계에 의해서 자신의 삶의 의미가 진해진다. 부모가 자녀를 기뻐하면 아이는 자신이 기쁨을 주는 존재이며 보살핌을 받을 만하고 가치 있는 존재로 여긴다.

하지만 양육자가 우울하여 위로를 주지 못하면 아이는 자신을 사랑스럽지 못하고 무가치하다고 여긴다. 이때 자기 감정을 혼자 처리하는 데 익숙해진다. 자신만의 정서 처리 회로가 생긴다. 그 처리 방식이 청소년이 되고 성인이 되어도 지속된다. 결혼하여 배우자와 새롭게 정서를 처리하는 방법을 배우고 경험하면 새로운 정서 처리 회로가 서서히 생겨난다.

진화론에서 적자생존이란 '강한 자가 살아남는다'는 의미다. 최근 미국 심리학회에서는 앞으로의 시대는 '사랑받은 자가 살아남는다'는 데 의견을 모으고 있다. 연합된 가정은 자녀의 생존을 돕는 가장 훌륭한 보험인 셈이다. 자녀가 미래를 힘차게 살아가게 하는 원동력이다.

부부 연합은 자신이 하는 일의 가치를 높인다. 부부 관계가 회복되면 아내는 남편의 성공을 함께 기뻐하고 인정하게 된다. 연합이 되면 비로소 아내는 남편이 남자로서, 가장으로서 한 일을 지지한다. 만약 남편이 일에 빠져서 부부 연합에 소홀하면 남편의 성공은 아내를 외롭게 만드는 도구가 된다. 일 핑계를 대며 가정에 남편이 소홀하면, 관계성이 소중한 아내는 일에 반기를 든다. "당신 성공해서 뭐할 건데?"

남편의 성공이 싫은 것이 아니라 연합을 거부하는 남편에게 화가 난다. 아내는 점점 우울해지고 주변의 상황이 부정적으로 다가온다. 하지만 한 몸으로 연합된 남편의 일은 바로 자신의 것과 같다. 비로소 남편이 하는 일을 격려하고 잘되기를 바란다. 아내가 집에 빨리 들어오라는 말은 회사 일을 그만두라는 것이 아니다. 당신하고 나하고 친밀하지 못해서 힘들다는 의미다. 사랑을 확인하고 싶다는 말이다. 연합되지 못하면 남편의 사회활동이 자신을 외롭게 만들기 때문에 공격을 한다. 최근에 부부 관계가 좋으면 생산성이 높다는 연구 결과가 이를 뒷받침한다. 연합될 때 내조가 힘을 발휘한다. 연합될 때 남편의 성공이 아내에게 의미가 있다.

연합된 부부는 의사소통이 쉬워진다. 연합이 되면 상대방의 입장에서 먼저 생각하기 때문이다. 자신이 이해받는다고 느끼면 배우자의 입장을 더 생각하게 된다. 배우자의 행동과 말을 긍정적으로 해석한다. 인간을 결합시키는 재료가 두 가지 이다. 누군가에게 접근하고 그에게 반응하면 결합이 된다. 그런데 불화 부부는 접근하기 어렵고 반응하기도 두렵다. 점차 결합력이 떨어진다. 악순환이 된다.

연합되면 쉽게 다가가고 반응도 쉽게 한다. 코맹맹이 소리도 서슴지 않고 한다. 배우자가 자신을 받아 줄 것이라는 확신이 있어야 자신을 드러내기 쉽다. 문제가 더 심각해지기 전에 서로 대화로 풀어갈 수 있다.

최근 부부치료 모델로 성장하고 있는 정서 중심적 부부치료는 부부의 대화법을 직접 가르치지 않는다. 부부가 안정적으로 애착을 형성하게 도와주면 자연스럽게 대화는 이루어지기 때문이다.

연합하면 배우자 가족을 아끼게 된다. 아내가 예쁘면 처갓집 말뚝보고 절을 한다는 말이 있다. 남편이 내 편이면 시댁 식구들을 귀하게 여긴다. 남편과 아내가 보기 싫은데 어떻게 배우자 가족을 좋아할 수 있겠는가? 부부가 같이 살까말까 고민하는데, 배우자 가족을 좋게 대할 수 없다. 부부 연합이 양가를 귀하게 만든다. 시부모, 장인장모에게 잘하라고 강요하기 전에 부부가 연합해야 한다. 그럴 때 배우자 가족에 친절해지고 성의를 다한다.

부부로 연합된 남편과 아내의 자신감이 높다. 저자의 연구소에는 교육도 많이 받고 전문직에 종사하는 부부도 많이 찾아온다. 결혼 전에는 자신감이 넘쳤다. 하지만 결혼 후 부부가 연합하지 못하면 자신감이 한없이 낮아진다. 이런 현상은 직업과 학력이 상관없다. 경제적인 부분과 미모와도 상관없다. 부부가 연합되고 가정에 사랑이 넘치는 가정은 웬만한 어려움을 이겨낼 자신감이 넘친다. 하지만 그렇지 못할 때는 대궐 같은 넓은 집이 답답하고, 진수성찬이 즐겁지 않다. 부부가 회복될 때 자신감은 높아지고 즐거움이 커진다.

부부 연합은 정확한 판단을 하게 만든다. 부정적인 감정은 그것이 사라지기 전까지 주변 상황을 살피기 어렵게 만든다. 자신의 부정적인 감정을 처리하는 데 에너지를 집중한다. 부정적인 정서는 상황을 해석하는 데 영향을 준다.

남편이 늦게 들어오면 아내는 자신이 미워서 그런다고 생각한다. 남편이 회사일로 늦어도 그렇게 판단하게 된다. 그 판단이 잘못된 것이 아니라 연합하지 못했을 때 나타난다.

아내의 표정이 좋지 못하면, 남편은 아내가 예민해졌다고 생각하여 피한다. 아내가 몸이 불편해서 아파서 힘들어 하는데도 화를 낼 것 같은 두려움이 엄습한다. 그래서 피한다. 다가가서 이유를 정확하게 알아야 하는데 이러한 부정적인 정서, 두려움이 정확한 판단을 막게 된다. 아내의 분노와 남편의 두려움이라는 부정적인 정서가 해결되어야 한다. 배우자의 그 마음에 다가가서 연합해야 비로소 해결된다. 부부가 연합되지 못하면 분노와 두려움이 사라지지 않는다.

최근에 '졸혼'이라는 말이 유행하고 있다. 일본에서 인기를 끌고 있었던 이 개념이 한국 사회에도 들어왔다. 사전적으로 '결혼을 졸업한다'라는 뜻으로 이혼과 다른 개념이라고 한다. 혼인관계는 유지하지만 부부가 서로의 삶에 간섭하지 말고 독립적으로 살아간다는 의미다. 긍정적인 의미로 포장했을 뿐 별거나 이혼과 크게 다른 말이 아니다. 하나님이 주신 부부 연합의 개념을 몰라서 이런 말을 쓴다. 연합되었을 때 독립하고 서로 간섭하지 않는다는 것을 모르기 때문에 하는 말이다. 연합이 되면 독립할 수 있다. 부부가 연합하여 한 몸을 이루면 졸혼을 할 필요가 없다. 졸혼은 부부가 하나가 되지 못한 부작용이다.

훌륭한 가문의 비밀은 연합에 있다

Question "소장님, 전 회식이 두려워요.

아내는 회식만 한다면 쉼 없이 전화를 해 대요. 절 믿지 못하는 아내를 볼 때 마다 짜증이 나요. 일부러 전화기를 꺼 놓은 적도 있어요. 그런 날은 더 난리가 납니다. 도대체 밖에서 일하는 남편을 이해는 못하고 왜 저러는지 모르겠어요."

Question "소장님, 정말 회식을 하는 걸까요?

결혼 10년째 남편은 문제가 생김 똑바로 말하지 않고 피하기만 해요. 집에 어쩌다 일찍 들어오는 날이면 잠만 자거나 TV만 봐요. 아이들과 저는 안중에도 없는 거 같아요. 저도 남편을 믿고 싶어요. 근데 믿을만하게 굴질 않으니 어떻게 하겠어요? 잔소리하고 끝없이 연락하지 않음 정말 남남처럼 살지도 몰라요."

소중한 관계, 즉 애착 관계가 단절되면 인간은 두려움을 느끼게 된다. 그래서 이를 회복하기 위한 노력을 시도한다. 부부 관계에 갈등이 있으면 이를 해결하기 위한 움직임이 시작된다. 두려울 때 해결하는 방식은 두 가지이다. 하나는 적극적으로 달려들어서 해결하는 것이고, 두 번째 전략은 두려움에서 멀리 도망치는 것이다. 보편적으로 여성은 적극적인 전략을 사용하고 남자들은 도망가는 행동을 한다. 이는 남녀 간에 애착 유형의 차이에 의해서 나타나는 현상이다.

애착 유형은 네 가지로 나눌 수 있다. 먼저 '안정형'이다. 안정형은 안정적인 관계 경험을 많이 한 사람들이 해당된다. 이들은 자신과 타인을 긍정적으로 평가한다. 부모가 자녀를 사랑하는 것은 본능적이고 무조건적이기 때문에 아이들은 부모와의 관계에서 긍정적인 경험을 많이 한다.

안타깝게도 모든 사람들이 '안정형' 애착 유형은 아니다. 자신에 대해서는 부정적으로 생각하면서도 타인에 대한 평가는 긍정적인 사람들도 있다. 이러한 유형을 '몰두형'(혹은 '불안형')이라 부른다. 몰두형은 혼자 있으면 불안함을 느끼기 때문에 다른 사람에게 의존하는 성향이 강하다. 엄마가 사라지면 몹시 불안해하며 엄마가 돌아올 때까지 화를 내거나 운다. 물론 엄마가 다시 돌아와도 기분이 금방 나아지지 않는다. 다시는 엄마와 떨어지지 않으려 한다. 애착 대상과 관계가 멀어지는 느낌을 받으면 관계를 회복하기 위해 적극적으로 전략을 펼친다. 화를 내고 공격적인 태도를 취한다. 이런 성향의 아이들은 훗날 주로 관계 지향적인 어른이 된다.

또 다른 유형은 자신에겐 문제가 없는데 다른 사람들이 자꾸만 자신을 힘들게 한다고 생각하고 말한다. 이런 유형에 해당하는 사람을 '회피형'이라 부른다. 이들은 애착 관계에 갈등이 있으면 쉽게 물러난다. 혼자 있는 것이 편하다. 다른 사람들이 자신의 안정감을 무너뜨린다고 생각해 그들과 벽을 쌓으려고 한다. 다른 사람에게 공격을 받거나 불편한 관계가 지속되면 움츠려 들어 자신에게 익숙하고 편한 곳으로 피하려고 한다.

회피형은 위험한 상황에 처하면 다리와 목을 숨기는 자라에 비유할 수 있다. 위험할 때는 몸을 움츠렸다가 안전하다고 여기면 조심스럽게 다리와 목을 천천히 밖으로 밀어낸다. 그러다가 또 공격을 받으면 바로 몸을 숨긴다. 이런 유형의 아이는 엄마와 떨어지면 잠시 불안해하다가 금세 자신의 일에 몰두한다. 엄마가 다시 돌아와도 크게 반응하지 않고 물끄러미 쳐다보기도 한다. 관계에도 큰 관심을 보이지 않는다.

마지막으로 가장 상처가 많은 '두려움형'이 있다. 이들은 자신은 물론 타인에 대해서도 긍정적인 생각이 부족하다. 혼자 있는 것도 고통스럽지만 다른 사람과 있어도 편치 않다. 누군가와 관계를 맺고 유지하는 데 많은 어려움을 느끼는 유형이다.

무엇보다 기억해야 할 것은 이러한 애착 유형은 변화한다는 것이다. 새로운 애착 대상과 긍정적인 경험을 하면 모든 사람은 차츰 안정형으로 변한다. 어릴 때 부모와의 경험이 좋지 않았더라도 다른 누군가와 긍정적인 경험을 많이 하면 회복이 가능하다. 특히 부부가 서로 정서적인 친밀감을 유지하면서 긍정적인 관계를 경험하면 자신과 타인에 대해서 긍정적인 생각을 갖게 된다. 반대로 어릴 때 부모와의 관계가 좋았던 사람들도 현재 애착 관계에서 고통을 받고 갈등이 지속되면 몰두형이나 회피형, 두려움형으로 바뀔 수 있다.

부부는 나름대로 열심히 가정의 평화와 관계 회복을 위해 노력하고 있다. 문제는 각자 자신만의 방식을 고집한다는 것이다. 서로 받아들일 수 없는 방식의 차이로 인해 갈등은 점점 심각해진다. 왜 이런 일이 생기는 걸까?

그 답은 애착 유형의 차이를 통해 이해할 수 있다. 안정형도 현재 애착 관계에서 갈등을 겪으면 그 갈등을 해결하기 위해서 두 가지 유형으로 바뀐다. 하나는 적극적으로 관계에 집착하는 유형이다. 애착 대상과의 회복을 위해서 적극성을 보이는 '몰두형'의 전략을 쓴다. 이들은 이야기를 하자고 하고 배우자가 자신을 멀리하고 회피하면 공격을 해서라도 자신이 원하는 반응을 얻으려고 애쓴다. 배우자의 적극적인 행동을 원한다. 어느 정도 눈치를 챘겠지만 몰두형은 주로 여자들에게서 보여 지는 반응이다.

앞 장에서 설명한 바와 같이 부부 불화가 지속되면, '몰두형'은 자신에 대한 부정적인 생각이 커진다. 자신감이 없어지고 부족하다는 생각을 한다. 관계가 회복되지 않으면 그런 생각은 커진다. 관계 회복을 통해 안정을 찾기 때문에 애착 욕구가 증가한다. 그 욕구를 채우기 위해 친밀감을 회복하려 한다. 남편이 도망가는 행동을 취하면 욕구가 좌절되어 무시당하는 느낌이 강해진다. 그럴수록 자신감을 회복하고 안정감을 회복하기 위해 관계에 더 몰두한다. 배우자가 자신에게 관심이 있는지 예민해진다. 그래서 자신을 밀어내거나 거부하는 단서가 나타나면 폭발한다.

부부 불화가 오래 지속되면 몰두형들은 일상생활에서 관계에 부정적인 영향을 미치는 단서들을 찾는 데 열중한다. 어떤 일을 결정할 때 나와 상의를 했는가? 이야기를 나누는데 귀찮아하는 표정을 짓고 있지 않은가? 아이와 나보다 다른 사람에게 더 관심을 보이지 않는가? 회식이라며 늦게까지 술을 마시는 사람이 휴일에 가족하고 지내는 것은 귀찮아하고 잠만 자고 있지 않은가? 다른 사람보다 나에게 인색하게 돈을 쓰는 것은 아닌가? 밤에 TV를 보면서 잠이 들거나 나와 한 침대에 있는 것을 싫어하지는 않은가? 치약을 끝에서부터 짜 달라고 부탁했는데 중간부터 눌러서 짜지 않았나? 설거지를 하는 둥 마는 둥하고 컴퓨터 게임에 몰두하고 있진 않은가? 이야기 좀 하자고 해도 건성으로 듣고 있지 않은가? 말을 시작하면 화를 내고 도망을 치지 않는가?

몰두형의 이러한 생각과 염려는 관계가 회복되면 점차 사라진다. 이때는 남편과의 정서적 친밀감이 예민한 생각을 줄여주는 해독제가 된다. 관계가 회복될 때까지 계속 배우자에게 공격을 하고, 부정적인 생각을 멈추지 못한다.

부부 갈등이 있을 때 나타나는 다른 유형은 회피형이다. 몰두형이 다가가서 적극적으로 회복하려 하는 타입이라면 회피형은 조용히 안정을 찾고 싶어 한다. 회피형은 몰두형과 달리 갈등이 생기면 나는 문제가 없는데 상대방이 문제가 있다고 생각한다. 그래서 문제로부터 멀리 떨어지려고 한다. 혼자 있는 것에 안정감을 느낀다.

동양과 서양을 막론하고 이런 회피형은 남자들에게 많다. 관계에 갈등이 생기면 회피적으로 반응하여 도망간다. 상대방과 어떠한 관계를 맺는 것이 두렵다. 특히 배우자가 공격적인 태도를 취할수록 회피적인 성향은 강해진다.

회피형들은 일상생활 가운데 도망갈 수 있는 기회를 노린다. 그런 단서를 주변에서 어렵지 않게 찾을 수 있다. 왜 이렇게 부정적일까? 긍정적이고 좋은 이야기만 하면서 살 수 없을까? 나를 내버려두면 좋아지는 걸 왜 모를까? 회식하는데 왜 이렇게 전화를 하는 거야? 오늘 집에 들어가면 아내는 잔소리를 해대겠지? 주말엔 나를 좀 쉬게 해주면 안 되나? 내가 말을 들어줘도 잔소리는 멈추지 않을 게 뻔해! 나라도 피해야 부부 싸움을 멈출 수 있어! 또 목소리가 날카로워졌어! 얼른 피해야 해! 집안이 하루라도 조용하면 좋겠어! 아내는 내가 친구 만나는 것도 못마땅하게 생각해.

몰두형 아내와 회피형 남편이 한 집에 같이 살고 있다면 어떨까? 갈등이 생기면 몰두형 아내는 관계 회복을 위해서 공격도 불사한다. 회피형 남편은 전쟁이 시작되었다는 생각에 어디로든 도망칠 궁리만 한다. 아내는 관계 회복을 위해서 다가가고, 남편은 평화를 찾기 위해 도망간다.

여기서 부부가 알아야 할 중요한 사실이 있다. 대개 몰두형 아내의 해결 방식이 남편의 회피 성향을 강화시킨다는 것이다. 남편의 회피적 해결 방식은 아내의 공격적인 성향을 강화시킨다. 몰두형은 대부분의 문제를 극대화시키려 하고, 회피형은 문제가 없다는 식으로 반응한다. 심각하게 갈등하고 있는 상황인데도 남자들은 아무 문제가 없다고 생각하는 경우가 많다. 아내가 죽고 싶다고 말을 하는데도 남편은 왜 그런지 잘 모른다. 그래서 부부치료를 받는 사람 중에서 자신이 왜 치료를 받아야 하는지 모른다고 말하는 남편들이 많다. 부부 세미나에 참여하는 부부들도 대부분 아내가 적극적으로 신청서를 작성한다. 남편은 아내의 성화에 이끌려서 마지못해 왔다는 듯 불만이 가득한 모습으로 나타난다. 남편은 다른 사람들 앞에서 자기 부부 이야기가 나오는 것을 싫어한다. 숨고 싶은 것이다.

불화의 늪에서 벗어나려면 회피형 남편은 용기를 갖고 화를 내고 투정부리는 아내에게 다가가야 한다. 다가오는 사람에게는 조용하게 말해도 목소리가 전달된다. 하지만 멀리 도망가고 회피하고 귀를 막는 남편에게 자신의 목소리를 전달하려면 고함을 칠 수밖에 없다.

몰두형 아내는 목소리를 낮추어야 회피하던 남편이 다가온다. 부드럽게 시작해야 한다. 격려하고 칭찬이 늘어나야 남편이 두려움을 벗고 다가온다. 자신에게 익숙한 방법을 내려놓고 배우자가 원하는 방법으로 시작할 때 불화에서 벗어 날 수 있다. 익숙해질 때까지 의식적으로 해야 한다. 먼저 내가 배려하면, 배우자는 나를 위해서 배려를 아끼지 않게 된다.

▶▷ 생각 바꾸기

배우자를 먼저 배려하는 것은 결국 나를 배려하는 일이다. 부부는 한 몸이라는 것이 여기에도 적용된다. 내가 화내면 배우자도 분노하게 되고, 내가 배우자의 마음을 알아 주면 그도 나를 알아 준다. 비난받지 않으려거든 비난하지 말아야 한다. 배우자는 거울 속 또 다른 나인 것이다. 부부는 서로 마주보고 있는 거울이다. 그래서 내가 '사랑한다'라고 말하면 거울 속의 배우자도 사랑한다고 말할 것이다.

▶▷ 실천하기

- 주어진 남편(아내)의 삶을 감사하고 상대 배우자에게 축복의 말을 전하라.
- 자녀와 부모에게 사랑으로 삶을 축복하는 메시지를 전한다.

▶▷ 기도하기

"부부 연합의 축복을 누리게 하심에 감사합니다. 남편(아내)과 온전히 연합하여 부모님과 자녀를 아끼고 사랑하게 하소서. 특별한 하나님의 창조 섭리와 연합의 기쁨을 맛보게 하심을 감사하며 본이 되는 부부가 되게 하소서."

당신을 내 편으로 만드는 7단계

Step 7

콩깍지가 벗겨지면 단단해지는 일만 남았다

갈등하는 부부가 진짜 사랑

콩깍지와 부부 사랑

Question "우린 더 이상 사랑하지 않아요."

> 함께 있어도 마음이 편하지 않아요. 오히려 혼자 있는 게 나아요. 같이 있으면 오히려 더 불편하고 불안해요. 우리 부부라고 연애할 때도 그랬을까요? 그땐 저희도 참 좋았어요. 그러니 결혼을 했죠! 그런데 지금은 … 집이 오히려 답답해요. 이렇게 서로를 미워하는데 계속 살아야 할까요?

어느 순간 사랑에 깊이 빠져 열병을 앓는다. 결혼이라는 현실에 부딪히면 자연히 벗겨진다고 하는 콩깍지 낀 사랑이 찾아온다. 영원히 함께 구름 위를 걸을 것만 같고, 머릿속에는 때와 장소를 가리지 않고 화려한 불꽃놀이가 펑펑 벌어진다. 자신의 전부를 쏟아 부어도 아깝지 않은 사랑이 찾아온다. 이렇듯 콩깍지가 씐 상태를 심리학 용어로 '핑크렌즈 효과'(Pink Lens Effect)라고 한다. 이는 남녀 사이에서 벌어지는 동서양 공통의 현상이다. 사랑은 결심한다고 연인이 바로 나타나지도 않지만 사랑을 않겠다고 생각한 사람에게도 느닷없이 사랑이 찾아와 마음을 흔들어 놓는다. 그리고 두 사람을 마비시켜 버린다. 온통 연인의 생각이 신체와 정신과 영혼까지 적셔버리고 만다. 하루의 대부분의 시간을 그(녀)와 함께 지낸다. 길을 걸어가고, 일을 할 때도, 차창 밖을 바라보고, 유행가를 듣고 있을 때조차 연인의 생각에 빠진 상태로 지낸다. 잠을 깨면서 시작된 황홀이 깊이 잠든 꿈속에서도 돌연 나타난다. 그야말로 콩깍지가 두 사람의 눈꺼풀을 덮어 버린다. 예쁘게 보이기 위해서 요즘은 써클 렌즈를 사서 끼지만 콩깍지가 낀 연인들은 이미 상대를 사랑스럽게 보게 만드는 핑크빛 렌즈를 장착했다. 눈에만 낀 것이 아니라 감정과 정신까지 핑크빛 색깔이 덧입혀져 있다. 보고 있어도 보고 싶고, 눈앞에 없어도 볼 수 있는 마법에 빠져 든다. 눈을 감아도 떠도 연인은 늘 바로 앞에 나타난다.

미국 럿거스대학의 헬렌 피셔 교수는 인간의 뇌를 연구한 결과 사랑의 3단계 과정을 밝혔다. 첫 번째 단계는 갈망으로, 성 호르몬의 작용을 통해 남성은 여성을 여성은 남성을 갈망하게 된다고 한다. 이때 테스토스테론과 에스트로겐이 관여한다. 이 상태에서 한두 번 만나고 만남이 지속되지 않으면, 관계는 쉽게 끝난다.

두 번째 단계는 강한 끌림의 단계이다. 이때 사람들은 상대방에게 홀딱 넘어간다. 소위 '콩깍지가 씌었다'는 단계다. 영어로는 '홀딱 반함'(infatuation)이라 말한다(이 말은 라틴어로 fatuus, 즉 어리석다는 의미다). 이 상태에서 많은 사람들이 심리적 장애를 겪는다. 강한 끌림 이후에 상대방이 끊임없이 생각나는 증상이 그것인데, 이는 강박 장애에 걸린 사람의 특징과도 흡사하다. 모든 일상이 사랑하는 사람의 생각으로 가득 차 있다. 그(그녀)가 보고 싶은 마음에 자신의 일에 집중하지 못하고, 반복해서 상대의 이름을 적어 보기도 하고 종일 휴대전화를 붙잡고 있기도 한다. 때때로 식욕저하나 불면 증상이 찾아오기도 한다. 이러한 심리적 장애와 더불어 생기는 특별한 사고 장애가 있는데, 상대방과 얽힌 일이라면 무엇이든 긍정적으로 해석하고 의미를 부여하는 것이다. 이를 '이상화'라고 한다. 사랑의 기쁨에 도취되어 그 사람의 긍정적인 면만 생각하고, 부정적인 면은 외면하게 되는 것이다.

일전에 EBS 〈생방송 60분 부모〉라는 TV프로그램에서 부부 상담을 진행하면서 갈등을 겪고 있는 한 부부를 만났다. 부부는 화만 나면 걷잡을 수 없이 커지는 남편의 폭력적인 성향 때문에 갈등이 깊어진 상태였다. 그런데 상담을 진행하다 알게 된 놀라운 사실은 남편의 난폭성이 갑작스러운 행동이 아니라 연애 시절부터 있어 왔다는 점이었다.

연애 당시 남편은 폭력을 행사한 다음이면 "내가 얼마나 너를 사랑하면 이렇게 화를 내겠니?"라며 부인 앞에 무릎을 꿇고 사과를 했다고 한다. 당시 콩깍지가 단단히 씌었던 아내는 그런 남편의 행동이 자기를 정말로 사랑해서 그런 것이라고 느꼈다. 그래서 오히려 괜찮다며 남자 친구를 위로해 주었다고 한다. 급기야 아내의 친구들까지도 남편의 난폭함에 대해 그녀에게 여러 번 경고를 했지만, 오히려 자신의 남자친구를 부정적으로 평가하는 친구들에게 서운함을 느꼈다. 당시에는 이러한 행동이 결혼생활에 문제가 될 수 있다는 것을 전혀 예상치 못했기 때문에 두 사람은 주변의 우려에도 아랑곳없이 결혼을 했다. 하지만 결혼 후에도 남편의 폭력적인 성향은 그칠 줄 몰랐고, 뒤늦게야 이러한 행동이 남편의 성격적인 문제였음을 알게 되었다.

결혼하기 전에 부모가 강하게 반대를 했다면 과연 두 사람은 헤어졌을까? 둘은 더욱 강하게 뭉치고, 부모와 심각한 갈등을 겪었을 것이다. 두 사람 사이를 반대하는 사람은 부모든 친구든 모두 '공공의 적'이 된다. 따라서 적들에게 맞서기 위해서 오히려 연인은 강하게 결합한다. 야반도주를 하거나 무작정 집을 나가는 등의 극단적인 행동을 하기도 한다.

콩깍지는 마약중독 상태와 유사하다

사회심리학자인 스탠턴 필은 이러한 상태를 마약중독 상태에 비유했다. 두 사람은 상대방의 모든 것을 긍정적으로 생각한다. 스릴을 즐기게 되고 강박적이고 긍정적인 생각과 감정을 갖는다. 마약중독자와 같이 황홀감을 경험한다. 마약에 중독된 사람처럼 지금의 즐거운 감정을 유지하고, '절정'의 상태를 지속하고 싶어 한다. 마약중독자들이 환각 상태에서 깨어나면 슬픔과 공허감이 밀려와서 다시 마약에 손을 대는 것과 마찬가지로 두 사람도 상대방이 멀어지는 느낌이 들면 관계를 유지하기 위해서 애를 쓴다.

이와 같이 홀딱 반한 상태에 작용하는 신경전달물질이 페닐에틸아민(PEA), 엔돌핀, 노르에피네프린이다. 특히 PEA가 신경세포를 적시면 황홀감을 느끼고 행복감에 도취되는데, 이는 강력한 천연 마약 성분이다. 스킨십을 하고 싶고, 종일 마주 보고 있어도 질리지 않는다.

하지만 PEA에 의한 단계는 오래 지속되지 못한다. 인간의 신체는 동일한 화학 물질에 오래 노출되면 내성이 생기게 되기 때문에 신경전달물질의 분비가 감소한다. 황홀감은 얼마 안 가 사라지고 점차 열기가 식어 가는데, 이때 흔히들 갈등을 겪으며 사랑이 식었다고 느낀다. 과학자들은 일반적으로 PEA가 지속되는 기간을 최장 3년으로 보고 있다. 흔히 말하는 '사랑의 유효기간', 다시 말해 콩깍지가 벗겨지는 시간이다.

부부는 대개 연애 시절의 갈망, 끌림을 거쳐 애착의 단계를 밟는다. 끌림의 단계에서 많은 사람들이 사랑을 고백하고 청혼을 한다. 만약 콩깍지가 씐 사랑이 없었다면, 어떨까? 배우자를 선택하는 데 무척 어려웠을 것이다. 아무래도 상대방의 단점이 자꾸 눈에 보이면 결혼을 주저할 수밖에 없을 테니까. 그러한 단점을 핑크빛 렌즈가 가려 주어 배우자를 선택하는 데 주저함이 없게 한다.

그러나 결혼생활을 하다 보면 유효기간이 정해진 콩깍지 상태는 금세 끝나고, 고통과 갈등이 따르는 '현실'에 맞닥뜨리게 된다. 많은 부부들이 애착 단계에서 일생일대의 위기에 직면한다. 갈망과 끌림으로 생긴 정열적인 사랑의 시기가 지나고 나면, 고통과 갈등을 동반한 새로운 차원의 사랑이 기다리고 있다.

무엇보다 콩깍지가 덮어서 배우자 선택하는 데 도움을 받아 결혼하고 나면 부부가 만들어 가는 사랑은 호르몬에 의한 화학적이고 수동적인 사랑과 구별되어야 한다. 모든 부부가 콩깍지가 벗겨지고 나서 배우자의 문제와 맞닥뜨리면서 결혼이 실패했다고 생각한다. 콩깍지가 벗겨져서 부부가 갈등을 겪는 것은 정상적인 결혼 과정이다. 부부 불화를 이겨냈을 때 비로소 결혼의 행복이 시작된다. 불화를 겪고 극복한 부부는 낭만적인 사랑보다 더 값지고, 더 큰 행복을 느낄 수 있다. 부부에게 더욱 성장할 수 있는 기회가 결혼으로 인해서 생긴 것이다. 다시 한 번 부부 불화는 실패가 아니라 결혼의 한 과정임을 기억하자!

콩깍지의 유효 기간

결혼 후에 이전과 같이 낭만적인 사랑이 사라져서 더 이상 배우자를 사랑하지 않는 것 같다고 찾아오는 불화 부부가 있다. 맞는 말이다. 3년이 지나면 콩깍지가 벗겨지면서 연애의 감정이 사라지고 부부의 삶이 찾아온다. 부부의 사랑은 연애의 수동적인 사랑이 아니라 의지적으로 노력해서 만들어가는 적극적인 사랑이다. 내가 선택하는 의지적인 사랑이다. EBS 〈부부가 달라졌어요〉에 출연했던 부부 뿐만 아니라 상담을 찾아온 부부들도 불화를 극복하고 나면 연애 시절과 비슷한 사랑을 찾았다는 부부가 많다. 부부가 불화를 극복하고 얻은 사랑은 서로의 단점까지도 극복하고 이해하는 과정에서 얻어진 것이다. 저자는 이를 〈제2의 콩깍지〉라고 부른다. 부부가 노력해서 만든 두 번째 콩깍지는 미래에 부부에게 닥칠 문제를 해결해 나갈 수 있는 강한 결합을 만들어 준다. 어떤 시련에도 흔들리지 않는 안전기지가 된다.

단순히 콩깍지가 벗겨진 이유만으로 부부에게 불화가 찾아오는 것은 아니다. 연애 시절 서로의 단점조차 이해하며 품어 주던 두 사람이 결혼이라는 현실과 부딪히면서 당연히 실망도 생기고 상처를 주고받게 된다. 그래서 점차 배우자에게 소중하다는 느낌이 사라지고 친밀감이 떨어지게 된다. 인간은 상처를 받고 고통이 생기면, 자신의 아픔이 먼저 소중한 사람으로부터 위로 받기를 원한다. 자신의 고통을 배우자가 먼저 알고 친밀감에 대한 욕구를 충족시켜주기를 원한다. 그래서 부부 싸움은 강해진다. 결국 부부 싸움은 미워서 하는 전쟁이 아니라 상대방으로부터 위로받기 위해서 벌이는 사랑 싸움인 것이다. 그런데 그런 싸움 가운데 점점 위로받기 어려워지고 상대방에게 화가 난다. 자신의 마음을 전혀 몰라주는 배우자가 서로 원망스럽다. 그래서 일반적으로 아내는 고함을 치기 시작하고 남편은 회피하고 도망가는 부부 불화의 고리에 빠져서 끝없는 다툼을 하게 된다. 부부간에 친밀감이 사라진 것이 부부 불화의 근본 원인임을 기억해야 한다. 미워서 벌이는 싸움이 아닌 것이다.

친밀함은 인간의 수명에도 영향을 미친다. 미국의 브리검영대학 연구팀은 7년 반 동안 인간의 사회 활동과 수명 간의 관계를 연구했다. 연구팀은 가족, 친구, 이웃, 동료 등의 존재가 이들이 없었을 때보다 사람의 생존 가능성을 50퍼센트 가량 증가시키는 것으로 나타났다고 발표했다. 또한 연구팀은 외톨이의 삶이 건강을 위협하는 정도를 매일 담배 15개비를 피우는 것과 비슷하다고 밝히기도 했다.

또 외톨이 생활을 하면 알코올 중독과 비슷한 정도로 건강을 위협받게 되며, 전혀 운동을 하지 않은 것과 같은 악영향을 미치게 되는 것은 물론, 비만한 사람보다 두 배 가량 더 수명을 단축시킨다고 밝혔다. 이러한 연구 결과는 결국 가족과 친구가 있어야 인생의 보람을 느낄 수 있으며, 이것이 인간의 수명을 연장하는 요인으로 작용한다는 뜻으로 풀이된다. 이는 평생을 함께 살아가는 부부라도 불화로 인해 서로 분리된 채 살아가면 수명을 단축시킬 수 있음을 의미한다.

지금 배우자와 갈등을 겪고 있는가? 부부라면 반드시 겪을 수밖에 없는 과정을 밟고 있다는 것을 기억하자. 연애 시절의 달콤함이 사라졌는가? 지금 당신이 겪고 있는 부부 불화를 극복하고 나면 연애시절보다 훨씬 달콤한 행복이 찾아온다. 수동적인 낭만적인 사랑보다 능동적인 부부 불화를 극복한 부부 사랑이 더 성숙한 것을 부부치료를 하면서 매일 느낀다. 당신도 성숙해질 수 있다. 행복해질 수도 있다. 지금 용기를 내어 곁에 있는 배우자에게 다가가면 행복이 아주 가까이 있다는 사실을 경험할 수 있을 것이다.

저자는 하나님이 우리에게 콩깍지를 허락하신 것이 축복임을 알았다. 콩깍지가 없었다면 죄가 많고 부족한 인간의 모습이 적나라하게 드러날 것이다. 그렇게 되면 인간이 결혼을 선택하는 데 엄청난 어려움이 따를 것이다. 결혼까지 이르지 못하고 연인 단계에서 깨지고 말 것이다. 하지만 하나님은 짝을 짓기 위해서 콩깍지를 허락했다. 결혼까지 단점과 부족을 보지 않게 했다. 낭만적인 사랑은 이렇듯 결혼까지 이끌기 위한 하나님의 계획이었다. 부부가 되면 콩깍지로 드러나지 않았던 단점과 부족함이 드러난다. 부부 갈등이 시작된다. 갈등을 극복하는 과정에서 낭만적인 사랑보다 더 진솔하고 진지한 부부의 사랑이 회복된다.

"연애할 때 보여 준 모습이 모두 거짓말이었어요. 내가 원하는 것을 모두 해 준다고 하더니 결혼하고 잡은 물고기 먹이 주지 않는다는 식으로 나에게 관심이 없어졌어요. 더 이상 결혼생활을 유지하기 어렵고 막다른 골목에 서서 상담을 시작했어요. 남편과 저도 어떻게 해야 할지 몰랐어요. 싸움이 시작되고 이전의 감정이 빠져나가 버린 상태에서 하루하루 결혼생활을 지치게 만들었어요. 그런데 결혼하고 보니 둘이 풀어야 할 일들은 점점 늘어나는데 우린 무방비 상태였어요. 우리가 어렸다는 생각도 들어요. 연애 때의 마냥 좋은 느낌으로 결혼생활을 지속할 수 있을 것 같았는데 그것이 되지 않아서 서로 실망했어요. 이제 남편의 단점도 알고 남편도 저의 예민한 부분을 이해할 수 있게 되었어요. 좋은 것만 말하는 것이 좋은 결혼생활이 아니라는 것도 이해하게 되어 서로 부정적인 상황이 와도 이전보다 훨씬 여유를 갖고 풀어가고 있어요. 실수를 하지 않으려고 노력했는데 이제 실수를 해도 무시받지 않을 것이라는 확신이 생겨서 하루하루 힘들지 않아요. 연애 때보다 지금이 더 편하고 좋아요. 물론 해야 할 일은 여전히 많아요. 그것이 우리 부부 문제의 본질이 아닌 것을 상담과정에서 알게 되었어요."

부부는 상담을 통해서 낭만적인 사랑보다 더 깊은 부부의 사랑을 알게 되었다. 석양에 담배를 태우는 모습에도 인생을 맡겨도 될 정도의 착각을 일으키는 콩깍지다. 어쩌면 나약하고 죄성을 가진 인간이 결혼으로 갈 수 있는 하나님의 선물이 바로 콩깍지다. 결혼으로 가정을 꾸리고 이 땅에서 천국을 이루어 살 수 있는 기초 작업으로 이것을 허락한 것이다.

하지만 지금 이 시대는 낭만적인 사랑을 진짜 사랑이라고 속이고 있다. 부부가 갈등을 겪으면 사랑이 식었다고 말한다. 연합하는 과정에서 생겨나는 갈등을 그렇게 해석하는 영상매체가 가정을 깨려 한다. 하나님이 가정을 세우기 위해서 허락한 콩깍지가 씐 낭만적인 사랑을 진짜 사랑이라며 오히려 가정을 깨는 도구로 사용하고 있다. 부부 연합을 방해하고 있다. 배우자의 단점과 문제, 내 자신의 단점과 상처를 부부가 함께 풀어가는 과정에서 부부의 사랑은 깊어간다. 이것이 성숙이다. 결혼은 성숙해서 하는 것이 아니라 이렇게 성숙해 가는 과정인 셈이다. 하나님은 연합을 강조하지만 사단은 연합을 깨려한다. 그것도 가장 소중한 관계인 부부 관계를 깨트려서 가정을 파괴한다. 얼마나 많은 가정이 이로 인하여 무너지고 있는지 모른다. 부부가 연합하여 가정을 지켜야 할 이유가 바로 여기 있다.

갈등을 푸는 과정이 성숙이다

Question "소장님, 우리 부부는 싸우지 않을 줄 알았어요."

연애할 때 싸운 적이 없었어요. 남편도 나에게 전부 맞춰 주고 저도 남편이 하자는 것은 웬만하면 들어줬어요. 그런데 결혼하고 얼마 되지 않고 우린 매일 싸워요. 우리의 사랑이 사라져 버린 것 같아요. 남편도 저도 서로에게 상처의 말을 쏟아내고 있어요. 둘 중에 하나가 죽어야 이 싸움이 멈출 것 같아요. 결혼을 잘못 선택했나 봅니다.

불화는 결혼하는 모든 부부가 챙겨가는 혼수품이다. 불화는 모든 부부가 겪게 된다. 서로 다른 두 사람이 하나로 연합하려면 그 과정에서 반응열이 난다. 물질도 두 개가 결합하려면 반응열이 필요하다. 하물며 생각, 감정을 가진 두 사람이 하나로 결합할 때 열이 날 수밖에 없다.

부부와 연관된 일을 하다 보니 저자는 주례를 부탁받는다. 아직은 연륜이 적고 더 나은 분을 찾으라고 정중히 거절한다. 하지만 꼭 전하고 싶은 주례사는 있다. 많은 사람들이 결혼을 앞둔 예비 신랑, 신부에게 '행복하게 살아라! 싸우지 말아라! 서로 아껴 주어라!'는 식의 덕담을 주로 한다. 어릴 때 읽었던 동화에서도 결혼은 행복하게 살았다는 내용으로 결론이 난다. 결혼을 하지 않은 청춘 남녀가 가상으로 결혼생활을 하는 방송 프로그램도 있다. 연인처럼 가장 부부의 삶이 알콩달콩 아름답게 비춰진다. 많은 청춘남녀가 그런 결혼을 꿈꾸게 된다. 결혼이 마치 행복의 보증수표라고 생각하게 만든다.

분명 모든 부부는 아름답고 행복하게 살 수 있다. 때론 친구가 되고, 연인이 되고, 조언자가 되기도 하며, 기댈 언덕으로 곁에 있어 준다. 비바람을 함께 맞으며 피난처가 되어 준다. 그렇게 되기 위해서 반드시 거쳐야하는 통과의례가 있다. 인간은 성장통을 겪으면서 인생의 힘든 시기를 넘어 간다. 결혼의 여정에서 겪는 성장통이 있다. 연합의 과정에서 겪는 성장통이 바로 부부 불화다. 서로 다른 성격으로 부딪히고, 배우자 가족과의 갈등을 겪고, 지질적인 성장 배경, 경제관, 양육 방식으로 힘들어 한다. 약속 시간을 지키는 개념도 다르고, 청결에 대한 생각도 같을 수 없다. 30분 전 여유 있게 도착해야 하는 사람도 있고 정각에 도착하는 것이 익숙한 사람도 있다. 돈 씀씀이도 다르고 저축에 대하 경제관도 다르다. 결혼하는 순간 서로 조율을 해야 하는 일들을 만나게 된다.

게다가 우리는 성숙한 상태로 결혼하지 않는다. 성숙은 하나님이 우리를 부를 때까지 나아가야 한다. 결혼 후에도 성숙을 향해서 가야 한다. 약하고 부족하고 미성숙한 두 사람이 결혼했으니 갈등은 이미 예견된 것 아닌가? 행복을 만끽하기 전에 불화라는 암초를 먼저 만나는 것이 결혼생활의 운명이다. 그래서 다음에 주례를 해야 한다면 꼭 전하고 싶은 말이 있다.

"이제 두 사람은 부부가 되었습니다. 두 분의 앞날에 하나님의 축복이 넘칠 것입니다. 그리고 어떤 관계보다 풍성한 행복을 배우자를 통해서 느끼게 될 것입니다. 결혼으로 그런 행복을 맛보기 위해서 꼭 넘어야 할 통과의례가 있습니다. 바로 두 사람이 심각한 갈등을 겪게 된다는 사실입니다.

대부분의 사람들은 부부 불화를 결혼 실패로 보거나 배우자를 잘못 선택했다고 여깁니다. 왜냐하면 결혼하면 행복할 것이라고 생각해 왔기 때문입니다. 아닙니다. 결혼하면 행복 이전에 갈등이 먼저 찾아옵니다. 부부면 반드시 겪게 되는 갈등입니다. 이 세상 어떤 사람과 결혼해도 겪게 됩니다. 옆집 아저씨와는 큰 갈등을 겪지 않습니다. 이웃 아주머니와는 절대 겪지 않을 갈등입니다. 설사 과거 첫사랑과 결혼했더라도 반드시 불화를 겪습니다. 회사 사람들, 혹은 교회 멤버들과 겪는 갈등보다 더 심각한 고통을 부부는 경험하게 됩니다. 가까운 사람은 갈등을 겪습니다. 갈등은 어쩌면 가까워지고 있다는 증거입니다.

그럴 때 주례사의 말을 꼭 기억하시기 바랍니다. 부부가 겪는 갈등이 결혼의 실패도, 배우자를 잘못 만난 것이 아니라는 사실입니다. 부부가 함께 넘어야 할 통과의례라는 사실을 알아야 합니다, 결혼은 성숙의 과정입니다. 불화는 성숙을 위해서 꼭 넘어야 할 과정입니다. 넘기 위해서 배워야 하고 하나님 앞에 나아가야 합니다. 법정에 달려가야 하는 것이 아니라 아버지학교, 어머니학교, 부부학교, 세미나 등 회복 프로그램에 참여하여 배워야 합니다. 운전을 배워서 운전수가 되듯이 결혼생활을 배우면서 남편과 아내가 되어야 합니다. 그렇게 불화를 극복하는 과정에서 어느덧 두 사람은 성숙해져 있는 것을 깨닫게 될 것입니다. 그렇게 연합되면 이 세상 어떤 관계에서도 누릴 수 없는 행복이 기다리고 있습니다.

하나님께서 두 분의 갈등 밑에 부부 연합의 축복을 숨겨 두었습니다. 부부의 연합이 성숙입니다. 부부가 연합될 때 효도할 수 있고 자녀도 양육할 수 있습니다. 남편이 하는 일도 빛나고 육아와 가사도 가치 있게 다가옵니다."

·

성격, 경제, 장애, 배우자 가족, 습관의 차이, 시간 관리, 자녀 양육 자체가 불화의 원인이 아니다. 부부가 연합하지 못할 때 비로소 이런 조건과 상황들이 두 사람을 괴롭힌다. 배우자가 자신을 소중하게 여긴다고 느껴지면 이런 조건을 뛰어넘을 수 있다. 그동안 우리는 부부가 어떻게 살아야 할지 잘 몰랐다. 가난한 부부도 서로 배려하면 견디면서 미래를 함께 꿈꿀 수 있다. 하지만 무시를 당하고 함께하는 시간이 없고 비난하는 말이 오가면 대궐 같은 집에서도 벗어나고 싶다. 좋은 일을 즐기고 어려운 일을 견디는 힘은 연합에 있다.

지금 부부가 불화를 겪고 있다면 정상적인 결혼 과정을 걷고 있는 셈이다. 이제 그것을 걷어내기 위해서 노력해야 한다. 다른 두 사람이 하나가 되는데 열이 나지 않으면 이상하지 않겠는가? 불화는 혼수이고 혼수는 분명 결혼 전에 이미 남편과 아내가 챙겨오는 것이다. 우리는 성숙해서 결혼하는 것이 아니다. 그래서 부족한 두 사람이 살아가면서 불화를 겪을 수밖에 없다. 그 불화를 걷어내는 과정이 성숙이다. 그것이 바로 연합이다. 불화라는 혼수를 잘못 다루면, 화려한 혼수품이 산산조각 깨져버릴 것이다. 부부가 노력해서 불화를 연합으로 풀어갈 때 비로소 챙겨간 다른 혼수품이 결혼생활을 윤택하게 해 줄 것이다.

연합을 깨는 치명적인 사건들

이미 언급했듯이 불화는 모든 부부가 겪는다. 이때 화를 내기도 하고 우울해지기도 한다. 에덴동산에 혼자였던 아담이 겪은 고독을 경험한다. 눈물도 나고 죽고 싶은 마음이 생긴다. 자신감이 줄고 자존감도 낮아진다. 자기 가치가 점점 떨어진다. 그 과정을 잘 견디고 배우면서 극복을 해야 한다. 그런데 어떤 행위는 회복 과정에서 많은 시간과 노력을 들여야 한다. 바로 폭력과 외도다. 부부는 진심으로 드러내면 모든 것이 부끄럽지 않게 되지만 폭력과 외도의 회복 과정은 복잡하다.

이를 두고 전문가들은 '애착 손상'이라고 한다. 관계적 외상이라고도 한다. 관계를 통하여 심각한 트라우마를 경험한다. 이때 신뢰를 잃게 되고 피해를 입은 배우자는 매우 취약해진다. 작은 자극에도 예민하게 반응한다. 부부가 이혼을 하는 이유는 다양하다. 그런데 가장 중요한 이혼 사유는 '당신에게 내가 소중한 존재가 아니다'라는 생각이다. 배우자에게 오랜 기간 무시를 받으면 배우자에게 자신이 소중하지 않다고 느껴진다. 그래서 남편이 일찍 퇴근을 해서 설거지를 열심히 도와주어도 이혼을 하는 부부가 있다. 성격차이가 나도 상대 배우자에게 자신이 소중하다는 메시지를 받으면 그 차이는 쉽게 극복된다. 대화를 할 때마다 꾸벅꾸벅 졸면 배우자에게 자신의 존재가 가치 없고 소중하지 않다고 느낀다.

시어머니로부터 힘든 일을 겪었을 때, 남편이 이를 무시하고 시어머니 편을 들면, 아내는 자신이 무가치하게 여겨진다. 장인, 장모에게 부당한 대우를 받았는데 아내가 이를 무시하고 오히려 비난하면, 남편도 점차 화가 나고 외로워진다. 이와 같이 자신의 가치를 인정받지 못할 때, 힘든 일을 당해도 무관심할 때, 위로가 필요한 상황에서 보살핌을 받지 못할 때와 같이 자신이 '소중하지 않다는 느낌'이 들 때가 많이 있다. 하지만 대부분의 사건은 오랜 시간 반복적으로 경험하면서 소중하지 않다는 느낌을 받게 되어 실망한다. 외로워지고 자신감이 떨어진다. 하지만 단 한 번의 행위로도 부부관계를 파괴시키는 사건이 있다. 그것이 바로 '외도와 폭력'이다.

외도는 상대 배우자의 삶을 무너뜨린다

외도는 배우자로부터 소중하지 않고 무가치하다는 느낌을 가장 강력하게 받는 사건이다. 외도는 상대 배우자의 인생을 무너뜨린다. 비참하게 만든다. 많은 사람들이 부부 불화 때문에 외도를 했다고 말한다. 앞에서 언급했듯이 부부 불화는 모든 부부가 겪는다. 그렇다면 모든 부부는 외도해도 된다는 것이다. 과연 그럴까?

그렇지 않다. 부부 불화는 부부가 함께 풀어야 할 과제다. 극복하는 과정에서 부부는 성숙해지고 결혼을 행복하게 이끌 수 있다. 불화가 있어도 외도를 하면 안 된다. 불화가 외도를 정당화 시킬 수 없다. 어떤 이유도 자신의 불화를 정당화하면 안 된다. 불화로 인한 외도는 불화를 더욱 심각하게 만들 뿐이다. 불화는 풀어서 긍정적으로 갈 수 있는데 오히려 외도로 인해 갈등이 더 깊어간다. 불난 집에 기름을 끼얹는 격이다. 갈등은 풀어서 연합으로 나가야 된다. 부부 갈등은 부부가 함께 만든 것이다. 하지만 외도는 자신이 선택한 것이다. 배우자의 탓을 해서는 안된다. 외도는 연합을 이루는 데 가장 큰 독이 된다. 배우자 때문이 아님을 알아야 한다. 어떤 사유도 외도를 정당화 할 수 없다. 폭력도 마찬가지다. 상담초기에 많은 남자들이 "이 세상 남자들 다 그래!"라면서 자신의 외도를 인정하지 않는다. 자신의 잘못을 부인한다. "사업하려면 어쩔 수 없어!", "함께 술집에 가지 않으면 사람들과 멀어져", "나는 외도를 해도 가정과 아내를 버리지 않았어", "자꾸 따지면 돌아올 생각도 안하게 돼. 현명하게 기다려야지"

외도 자체가 이미 결혼생활을 파괴한 것이다. 배우자가 아닌 다른 사람과 연합한 상황에서 결혼이 아무 문제없이 지속될 것이라는 생각은 잘못이다. "외도를 했지만 당신을 버리지 않을 거야!"

외도의 심각성을 모르니까 이런 말을 배우자에게 한다. 외도 자체보다 이후의 반성하지 않는 자기 합리화의 태도가 더 상처를 준다. 외도는 한방으로 결혼생활의 심각한 위기를 초래한다. 외도로 상처받은 배우자가 결혼을 유지하는 것은 끔찍하고 고통스러운 일이다. 외도는 부부 상담에서도 깊게 다뤄져야 한다. 연구소에 찾아오는 부부의 가장 많은 상담 이유가 외도다. 그 만큼 결혼생활에 파괴력이 크고 심각하기 때문이다. 이혼의 가장 강력한 사유이기 때문이다. 연합을 방해하는 가장 큰 장애물이다.

외도 회복의 원칙 세 가지

외도를 회복하기 위한 몇 가지 치료 원칙이 있다. 첫째는 다시는 외도를 하지 않아야 한다(never again). 외도는 절대 반복되어서는 안 된다. 반복되면 회복이 두 배 어려워지는 것이 아니라 수십 배 어렵게 된다. 외도가 재발되지 않는다는 확신이 있어야 회복을 시작 할 수 있다. 그럴 때 변화를 가져오고 부부가 서서히 연합해 갈 수 있다.

외도를 하지 않은 것을 회복이라 생각하는 사람이 많다. 그래서 아내가 외도를 꺼내면서 화를 내면 '나 지금 안하는데 왜 건드려, 그만해!'라고 반응한다. 외도를 멈춘 것이 회복이 된 것으로 생각하고 언급하지 못하게 한다. 외도를 다시 범하지 않는 것은 본래 부부가 하지 말아야 될 것을 않는 것이지 그 자체가 회복이 아니다. 외도가 멈춰야 회복을 시작할 수 있다.

"소장님 제가 6년 전에 단 한번 외도했어요. 이제는 절대 안 해요. 그런데 아내는 지금도 계속 화를 내고 죽겠다고 아파트 난간에 매달려요. 저도 더 이상 화가 나서 못 견디겠어요. 지긋지긋해요. 도대체 나보고 어쩌라는 건지 모르겠어요. 그래서 이제 저도 '작작 해라. 그만 좀 해라. 언제까지 이럴 거냐'고 말해요. 자그만치 6년이에요."

이 부부는 상담을 통하여 6년간 풀리지 않은 과정을 3개월 동안에 풀었다. 남편은 자신이 다시 외도를 하지 않은 데 집중했지 아내의 아픔에 다가가지 못했다. 그것에 대해서 잘 모르고 있었던 것이다.

두 번째 중요한 태도는 '끊임없이 잘못과 미안함'을 표현해야 한다. 외도라는 강한 상처를 지우려면 오랜 시간과 노력이 필요하다.

부정적인 정서를 지우려면 긍정적인 경험이 엄청 쌓여야 한다. 긍정적인 표현을 아홉 번하고 부정적인 비난을 한번하면 인간의 뇌와 감정은 이를 똑같이 인식한다고 한다. 부정적인 사건이 생겼다면 긍정적인 반응을 오랫동안 반복해야 이를 해독시킬 수 있다. 배우자가 외도를 하면 상대 배우자에게 이 사건이 평생 갈 수 있다. 그래서 가해 배우자가 '이 기억이 평생 갈 것'이라는 관점에서 이를 풀어갈 때 서서히 회복이 된다. 그런데 '언제까지 이를 언급할 거야! 그만해'라는 태도로 외도를 대하면 평생 지워지지 않은 상처로 남게 된다.

심리학자이며 부부치료자인 수잔 존슨 교수는 외도로 인한 상처를 '지워지지 않은 상처'(indelible imprint)라고 말했다. 피부에 상처가 남아도 속에서 서서히 회복이 되어서 아프지 않게 된다. 외도 역시 상처의 흔적은 있지만 잘 치료 받으면 점차 회복이 된다. 가끔 자신이 외도를 했기 때문에 더 이상 회복이 안 될 것이라며 낙담하여 자포자기 하거나 오히려 큰 소리를 치는 사람이 있다. 하나님이 진심으로 다가가면 부끄럽지 않게 만든다는 사실을 기억해야 한다.

세 번째, 외도는 상처라는 사실을 알아야 한다. 이것이 가장 중요하다. 상처의 깊이를 알고 있는 사람은 많지 않다. 외도는 심각한 트라우마를 남긴다. 외도는 배우자를 고아와 같은 심리상태에 빠지게 한다. 세상에 혼자라는 느낌! 믿을 사람이 하나도 없게 만든다. 지금까지 살아온 자신의 삶을 송두리째 무너뜨린다. 배우자의 삶을 무가치하게 만든다. 그래서 우울하고 죽고 싶고 자신이 무가치하게 느껴진다.

심지어 피해자인 자기 스스로를 수치스럽게 여기게도 된다. 피해자이면서 가해자가 된 느낌을 갖게 한다. 자신이 잘못 살아서 외도가 발생한 것 같은 고통을 겪는다. 매일 감정은 예측할 수 없을 정도의 롤러코스터를 탄다. 역설적으로 배우자에게 자신이 잘못한 것 같아 그것을 만회하려고 외도 초기에 피해 배우자가 적극적으로 노력하기도 한다. 과도하게 성관계를 한다. 안하던 화장을 하고 매달린다. 아내가 외도를 했을 때 한 남편은 헬스장을 끊어서 운동을 시작한다. 자신의 여성성과 남성성이 잘못되어서 배우자가 외도했을 것 같아서 힘을 쏟는다. 그러다가 얼마가지 못해서 심한 분노감에 휩싸인다. 외도를 한 배우자가 더럽고 수치스럽게 느껴져서 한 공간에 있는 것조차 싫어지기도 한다. 외도는 부부 모두를 엄청난 고통과 혼란 속으로 빠뜨린다.

외도는 깊은 트라우마를 남긴다

Question "소장님, 아내가 저를 너무 의심해요."

얼마 전엔 회사에서 연탄 나르기 봉사를 했어요. 줄을 서서 연탄을 나르다보니 아내 전화를 놓쳤어요. 휴식 시간에 보니 열 번도 넘게 전화가 왔더군요. 너무 당황해서 급히 전화하니 아내의 첫 마디가 뭔 줄 아세요? '어떤 년 만나고 있어?' 였어요. 어의가 없고 할 말이 없었어

> 요. 온 몸에 힘이 쭉 빠지더군요. 아침에 나오며 분명 회사 봉사 활동이란 말을 했는데도 의심하니 저도 정말 참을 수가 없어요.

외도로 인해서 피해 배우자는 '외상 후 스트레스 장애'(Post Traumatic Stress Disorder, PTSD)에 빠진다. 정신적인 외상을 앓게 된다. 외상 후 스트레스 장애란 인간이 감당하기 어려운 큰 사건을 겪고 나서 나타나는 정신적인 트라우마를 말한다. 지진과 홍수 등 천재지변, 교통사고, 납치, 전쟁 등을 겪은 당사자들이 그 상황에서 벗어났지만 겪게 되는 불안과 두려움을 지속적으로 겪게 된다.

이라크 전에 참전한 군인은 미국 고향에서 평안하게 지내다가도 멀리서 소방용 헬기 소리가 '타! 타! 타!'하고 들려오면 순식간에 참가한 전쟁의 감정에 순식간에 빠져든다. 몸이 반응하고 강력한 두려움이 나타난다. 좋지 않은 기억들이 몰려온다. 헬기 소리에 강한 불안감이 엄습해 온다. 교통사고를 당한 사람은 차를 타기 두렵다. 차를 타면 곧 사고가 날 것 같아서 불안에 떤다. 지진을 경험한 사람은 건물 안에 들어가면 무너질 것 같은 공포에 휩싸인다.

외도가 피해 배우자를 바로 이런 불안과 두려움에 빠뜨린다. 꿈에서도 사건과 연관된 꿈을 꾼다. 거의 대부분의 시간을 외도와 연관된 감정과 기억 속에 살아가게 된다. 떨쳐버리려고 해도 사라지지 않는다. 이때 충분히 회복과정을 밟지 않으면 오랜 시간이 지나도 생생하게 남아 있다. 배우자와 연락이 되지 않으면 바로 외도하고 있다는 감정으로 빠져든다.

이는 초기 뿐 아니라 회복 과정에서도 나타난다. 외도부부를 회복할 때 이 부분에 가장 신경을 쓰고 도와주어야 한다. 피해배우자는 그럴 수 있다는 감정에 함께한다. 그리고 가해배우자에겐 외상 후 스트레스 반응이 잘못된 반응이 아님을 알려 준다. 그렇게 할 때 서로 견딜 수 있는 힘이 커진다. 저자는 부부에게 이런 현상이 오래 지속되며, 관계가 회복되는 과정에서도 불쑥 나타날 수 있다고 반드시 설명한다. 그렇지 않으면 남편과 아내 모두 실망하게 되고 치료를 포기하는 경우가 발생한다. 외도로 인한 상처의 깊이를 이해하는 것이 회복에 중요하다.

가해자는 상대 배우자가 자신을 의심하는 의부증 혹은 의처증에 걸렸다고 말한다. 하지만 대부분은 이러한 외상 후 스트레스 장애로 인한 고통의 증상이다.

교회에 출석하고 있는 부부가 남편의 외도로 상담을 신청해 왔다. 심하게 다투다 이혼을 생각하면서 마지막으로 연구소 문을 두드렸다. 외도로 인한 고통의 깊이를 서로 이해를 하면서 차츰 회복되었고 남편도 아내의 상처를 깨닫고 다가가서 위로하는 방법을 배웠다.

상담 전에는 이 문제가 드러나지 않게 하기 위해서 회피했다. 남편이 이전처럼 화를 내지 않고 아내가 의심할 때 다독여 주면서 분노의 수위가 낮아졌다. 트라우마에 빠지는 횟수도 줄어 들었다. 폭발 없이 평온한 생활이 며칠 동안 지속되기도 했고 남편은 안심을 했다. 그런 남편에게 아내가 상황에 따라서 의심하면서 폭발할 수 있음을 알려 주었다. 그것이 회복의 실패가 아니라 회복의 과정임을 인지하게 했다.

남편도 자신의 외도를 회개하고 있었다. 주일예배 시간에 문제가 생겼다. 그날 찬양곡이 '누군가 널 위해 기도하네' 였다. 남편은 찬양에 은혜를 받고 자신의 외도를 회개하며 아내에게 준 고통이 밀려와서 미안했다. 게다가 자신의 잘못으로 아이들까지 고통에 빠뜨렸다는 생각에 참회의 눈물이 흘러나왔다. 할 수만 있다면 그 사건을 자신의 인생에서 도려내고 싶었다. 시간을 되돌리고 싶었다. 자신의 잘못만 없었다면 가족에게 이런 고통이 없었을 것이라는 생각에 마음이 아팠다. 찬양하면서 흐르는 눈물을 주체할 수 없었다.

그때 아내가 눈물을 흘리고 있는 남편을 보았다. 순간 남편의 눈물과 찬양의 제목인 '누군가'와 연결되었다. 아내는 남편이 상간녀를 생각하며 눈물 흘린다고 여겨졌다. 분노가 확 올라왔다. 아직도 반성하지 않는다고 여겨졌다. 남편은 회복하기 힘든 사람이라 생각했다. 예배를 마치고 차를 타는 순간 아내는 남편을 향해 폭발하고 말았다. 남편은 순간 당황스럽고 화가 났다. 아내의 말이 전혀 자신의 상황과 맞지 않았다. 그때 남편이 아내의 '외상 후 스트레스 장애'를 떠올렸다.

"소장님께서 회복되는 중에도 이런 일이 벌어질 수 있다고 알려 주지 않았으면 그날 우린 심각한 상황에 빠졌을 것 같아요. 다행히도 그 생각이 났어요. 아내가 아직 완전히 회복된 상태가 아니라는 것을 알고 있었어요. 이전에는 이럴 때 내 상황과 생각을 아내에게 알려주며 화를 냈었어요. 이번에도 내가 참회하고 있는데 아내가 의심을 했으니 이전 같았으면 내가 더 화를 냈을 거예요. 그래서 점점 아내 의심이 사실이 아니기 때문에 풀 수 없는 수렁에 빠졌겠지요. 하지만 그날은 제가 진심으로 사과를 했어요. 만일 아내의 외상 후 스트레스 장애로 인한 고통을 몰랐으면 진실 공방에 우리 둘은 절망에 빠졌을 겁니다."

남편은 그날 자신의 외도로 인하여 아내가 찬양마저 편하게 부르지 못한다는 사실에 가슴이 아파했다. 진심으로 사과하고 용서를 구했다. 상처의 깊이를 몰랐을 때는 오히려 분노했지만 자신이 주게 된 상처를 알게 되어 용서를 구했다. 아내는 그날 남편이 회복을 진심으로 원하고 자신의 아픔을 깊게 이해받는 느낌을 받았다. 이후 부부의 회복은 속도를 더했다. 옳고 그름의 문제가 아니라 상처의 깊이를 이해하는 것이 해독제가 된다. 외도 부부의 회복 과정에서 남편에게 자신의 아픔을 이해받으면서 소중한 존재라는 인식이 점차 커진다. 피해 배우자의 아픔에 다가가서 연합하면 회복은 시작된다.

▶▷ 생각 바꾸기

외도로 인한 상처를 치유하는 해독제는 바로 피해 배우자가 자신의 고통을 표현하고 가해 배우자가 그 고통을 이해하고 위로하는 것이다. 다시는 하지 않고 앞으로 잘하겠다는 말로는 불충분하다. 과거와 현재의 아픔이 치유되어야 미래를 함께할 수 있다. 배우자의 고통에 다가가야 한다. 그리고 가해자가 자신의 잘못을 인정하고 사과해야 한다. 그 고통을 이해할 때 피해자는 가해자가 자신을 소중하게 생각한다는 마음이 생긴다. 소중하다는 느낌이 강해지면 부부는 다시 연합될 수 있다.

▶▷ 실천하기

- 남편(아내)의 작은 노력을 발견하고 표현하라.
- 자신이 예민하고 쉽게 분노하는 배우자의 말과 행동이 무엇인지 기록한다. 그것을 배우자에게 알려 준다. 배우자는 그 내용을 비난하지 않고 공감하고 주의한다.

▶▷ 기도하기

"결혼과 갈등을 통해 나를 성장하고 성숙하게 하심에 감사합니다. 연합을 통해 나의 연약함을 알고 변화되게 하심에 감사합니다. 이 은혜가 나에게 머물러 있지 않고 남편(아내)과 자녀 부모와의 관계로 확대되게 하소서."

당신을 내 편으로 만드는 8단계

Step 8

말하지 않으면 모른다, 포기하지 않아야 결론이 바뀐다

불화와 차이를 넘어서

Question "소장님, 이제는 남편이 밥 먹는 모습도 싫어요.

속옷 차림으로 소파에 누워서 TV만 뚫어져라 보는 모습은 한심하기 짝이 없어요. 밥주걱이라도 던지고 싶은 마음이에요. 결혼 전엔 분명 저렇지 않았는데. 전 도대체 누구랑 결혼을 한 걸까요?"

Question "소장님, 아내가 아이들을 혼내는 소리가 들리면 괜히 제가 주눅이 들어요.

저한테 하고 싶은 말을 아이들에게 하는 것 같아서요. 그러면 슬금슬금 집을 나가고 싶다. 친구들이나 술이나 한 잔 할까. 막 머릿속으로 생각을 해요. 아내랑 전 정말 성격이 다른 것 같아요. 달라도 너무 달라요."

연합을 위한 대화

정서적인 친밀감이 떨어져서 부부가 불화의 고리에 갇히게 되면 고통이 밀려온다. 배우자를 위로하고 싶은 마음도 없지만 설사 있다하더라도 쉽게 다가갈 수가 없다. 부부 불화를 겪는 부부에게 나타나는 증상은 다양하다.

얼마 전 부부학교 강의 중에 부부 불화 시에 겪었던 증상을 말해보라고 하자 어떤 아내가 말했다. "밥 해주기 싫어요!" 그 말이 떨어지기가 무섭게 한 남편이 즉각 응답한다. “줘도 안 먹어요!”

한 치 양보가 없다. 상대방이 공격하면 즉각적으로 일격을 가한다. 그래서 서로 싫어하는 말과 행동을 하고 배우자의 말과 행동에 인내심이 줄어든다. 나와 조금 다른 말과 행동을 하면 배우자를 공격하고 서로 달라도 너무 다르다는 생각이 든다. 부부는 점차 성격 차이를 더 크게 느낀다. 부부 갈등이 심한 부부일수록 그 차이는 더 심하다고 느끼며 결국 좁혀질 수 없다고 생각하게 된다. 본래 있었던 두 사람의 차이가 불화로 인하여 불거져 나온 것인데 부부는 성격 차이 때문에 불화가 온 것으로 착각하게 된다. 성격 차이로 불화가 오는 것이 아니라 부부 불화가 심해져서 이해받지 못하고 소중하다는 느낌이 사라지면 성격 차이가 드러나게 된다.

부부 불화 시에 나타나는 또 다른 중요한 증상은 내가 옳고 배우자가 잘못되었다는 함정에 빠진다. 인간은 불안한 상황에 놓이게 되면 자신에게 익숙했던 상황을 안전하게 느끼며, 옳다고 생각하고 붙잡는다. 격한 부부 싸움은 부부를 극도로 불안한 상황으로 빠져들게 한다. 그런 불안이 자신의 생각과 삶의 방식이 옳다고 여긴다. 아내는 친정이 옳고 남편은 시댁이 옳다고 생각하고 서로 공격을 한다. 즉 배우자가 잘못되었고 골치 덩어리인 배우자가 고쳐야 갈등이 끝날 것이라 여긴다. 심한 경우 배우자가 정신병을 앓고 있다는 생각으로 발전한다. 자신이 옳기 때문에 옳지 못한 배우자가 고쳐야 된다는 생각으로 발전한다. 그래서 배우자가 변해야 부부 관계가 회복 될 수 있다고 확신한다. 당연히 배우자를 비난하고 상대방의 문제를 부각시킨다.

성격 차이는 부부 불화의 증상이다

지금 배우자와 성격 차이를 크게 느끼고, 내가 옳다는 생각에 빠져 있거나 배우자가 달라져야 한다는 생각을 하고 있다면 부부는 불화의 늪에 빠진 상태다. 부부치료를 하러 와서도 "내 배우자는 절대로 바뀌지 않는다"며 치료를 거부하는 사람이 있다. "소장님이 과연 이 사람을 고칠 수 있을 까요. 제가 20년 넘게 바꾸려 해도 안 고쳐진 사람이에요. 절대 바뀌지 않아요"라며 저자를 신뢰하지 않는 사람도 있다. 불화 부부는 끝까지 배우자를 바꾸려고 한다. 자신은 모든 노력을 다했는데 배우자가 변화되어야 살 수 있다고 생각한다. 배우자를 바꾸는 것이 아니라 관계하는 방식을 바꿔야 한다는 것을 모른다. 배우자를 바꾸려하면 그도 역시 자신의 상대배우자를 바꾸려한다. 하지만 관계하는 방식을 바꾸면 배우자가 서서히 바뀐다.

부부 불화가 생기면 중요한 증상 중의 하나가 우울증이다. 자신이 작아지고 가치가 없게 느껴져서 죽고 싶은 마음까지 생겨난다. 주로 아내가 우울증을 하소연하며 아파트에서 뛰어내리고 싶다는 말을 한다. 하지만 우울증은 남편에게도 찾아온다. 출근길에 가로수를 받아버리고 싶고 저수지가 있으면 핸들을 꺾고 싶은 생각을 한 적이 한두 번이 아니라는 것이다. 왜 이럴까?

하나님께서 천지를 창조하고 모든 것이 아름다웠다. 하지만 아름다운 에덴동산에서 가슴 아픈 장면이 하나 눈에 들어왔다. 바로 성인인 아담(남자)이 독처하고 있는 모습이었다. 혼자 사는 것이 좋지 않아 보였다. 성인이 느끼는 '절대 고독'을 보며 이를 달래 줄 수 있는 가장 적합한 대상을 하나님께서 붙여 주셨다. 생각해 보자. 성인인 한 남자의 고독을 술이 달래 줄 수 있었다면, 좋은 것을 예비해 주시는 하나님께서 분명 포도주를 빚어 주지 않았겠는가?

만약 골프였으면 에덴동산에 아름다운 골프장을 기막히게 지어 주었을 것이다. 그것이 친구였다면 친구를 흙으로 빚어 주셨을 것이다. 하나님은 부모님과 자식도 과년한 성인의 외로움을 달래 줄 사람이 아니라고 생각하셨다. 낭만적인 연애를 하는 애인도 아니라는 사실을 기억해야 한다. "사람이 혼자 사는 것이 좋지 아니하니 내가 그를 위하여 돕는 배필을 지으리라"(창 2:18). 그렇다. 하나님께서는 성인인 인간이 느끼는 절대 고독을 근본적으로 해결해 줄 수 있는 대상은 배우자라는 것을 알려 주고 있다. 그래서 부모를 떠나서 부부가 연합할 것을 강조하셨다.

다시 살펴보면 부부가 연합하지 못하고 서로 비난하고 불화가 쌓이게 되면, 지구상에 혼자였던 아담이 느낀 절대 고독이 다시 찾아온다. 부부 상담 중에 어느 아내가 했던 말이 기억난다. "선생님, 지금 싸우고 있지만 결혼 전 혼자 살 때보다 지금이 더 외로워요."

부부가 불화로 인하여 연합되지 못하면 에덴동산에서 혼자 살고 있는 것과 같은 삶으로 돌아간다. 그래서 부부 관계가 나빠지면 죽고 싶어지는 것이고 우울증이 찾아온다. 세상에 혼자 버려진 느낌이 생겨난다. 술을 마시고 친구를 만나고 골프치고 외도를 하지만 근본적인 해결책이 아닌 것이다. 부부가 연합하기 전에는 끝나지 않는 고독이다. 돕는 배필은 배우자에게 다가가서 연합하는 것을 말한다. 아파하면 같이 그 마음이 되어 주고, 즐거워하면 그 마음에 연합하면 된다. 우울해 하면 그 우울해하는 마음에 다가가서 함께 있어 주면 연합이다. 하지만 '배불러서 그런다'고 하면 그 마음에 연합한 것이 아니라서 우울증에서 벗어날 수 없다. 부부 불화가 주부우울증의 가장 많은 원인이다. 그래서 부부가 갈등으로 인하여 유발된 우울증은 부부가 연합하면 회복된다.

불화의 두 가지 증상

정서중심적 부부치료를 만든 수잔 존슨 교수는 부부 불화의 증상을 크게 두 가지로 언급했다. 먼저 배우자에 대한 강한 부정적인 감정이다. 불화 속의 부부는 상대배우자의 모든 행동과 말이 거슬리고 부정적으로 해석된다. 배우자의 모든 의도가 좋게 보이지 않는다. 회사일이 바빠서 늦게 들어와도 자신과 함께 있기 싫어서 그런 것이라고 생각된다. 쉬고 있는 남편의 모습이 게을러 보이고, 머리카락이 하나 떨어져 있어도 청소도 하지 않는 게으른 여자로 보여 진다. 밥 먹는 모습도 거슬리고, 속옷 차림으로 다니는 모습도 싫다.

또 다른 증상은 부부가 서로 관계하는 방식이 경직된다. 경직되지 않는 건강한 관계는 희로애락을 표현할 수 있는 관계를 말한다. 그래서 울고 웃고 화냈다가 삐지기도 하고 코맹맹이 소리도 할 수 있다. 하지만 부부 불화로 관계 방식이 경직되면 두 가지 반응만 보인다. '화를 내든지, 아니면 입을 닫든지.' 이젠 더 이상 자연스럽게 미안함, 감사, 사랑의 표현을 할 수 없다. 화를 내지 않으면 입을 닫는 경직된 방식이 부부 관계를 지배한다.

배우자에 대한 부정적인 감정이 관계하는 방식을 더욱 경직되게 만들고, 관계 방식이 경직되면 될수록 배우자에 대한 부정적인 감정이 더욱 커진다. 그래서 강력한 부부 불화의 고리에 갇힌다. 이때 부부는 불화 고리에서 빠져 나오기 힘들다. 이를 부부 불화의 '자기 강화적 속성'이라고 한다. 추후 회복하는 방법에 대해서 언급하겠지만 이것에서 벗어나려면 적극적인 노력이 필요하다. 부부 사랑의 속성을 알아야 하고, 부부 불화에서 벗어나기 위해서 적극적으로 배워야 한다. 집안에 갇혀 두면 불화의 고리는 점점 강해진다. 새로운 방식을 배우지 않으면 벗어나기 쉽지 않다. 지금까지 내가 취한 관계 방식은 점점 부부 불화 고리를 강화시키고 있는데, 앞으로도 그 방식을 고수한다면 결과는 당연하지 않겠는가?

부부치료는 배우자에 대한 시각과 관계하는 방식을 바꾸는 과정이다. 배우자의 문제보다도 자신이 배우자에게 미친 영향력을 이해하는 과정이다. 배우자를 고치라고 강요하기보다는 내가 부드러운 방식으로 다가가면 배우자가 변화한다는 것을 깨닫는 것이다. 나의 부정적인 시선과 경직된 반응이 배우자를 자극하고 힘들게 할 수 있다는 사실을 이해하는 것이다.

부부는 끊임없이 영향을 주고받는다. 남편과 아내는 서로 똑같은 목소리를 낸다. 내가 사랑한다고 하면 배우자도 사랑한다고 말하고 내가 고치라고 말하면 배우자도 나를 향해 고치라고 말한다! 이를 관계의 메아리 효과라고 한다. 메아리는 내가 고함친 그대로 나에게 되돌아온다. 지금 불화에서 빠져있으면 배우자를 고치기보다는 부부 관계의 방식에 변화가 필요하다는 신호다. 지금까지 내가 했던 방식이 관계 개선에 아무런 도움이 되지 않았기 때문이다. 앞으로 고쳐야 할 부부 공공의 적은 '배우자'가 아니라 '부부의 관계 방식'이다.

지금 부부 관계로부터 위로와 힘을 얻지 못하고 있는가? 자신 혹은 배우자가 우울해하고 있지 않는가? 그렇다면 부부 관계가 불화에 빠진 것이다. 배우자를 부정적인 시선으로 바라보는 나의 태도 변화가 있어야 한다. 화를 내거나 입을 닫고 있는 나의 관계 방식에 변화를 시도해야 한다. 입을 닫고 있는 남편이 용기를 내어 다가가서 입을 열고, 회피하지 않고 아내에게 다가가면 남편에 대한 아내의 부정적인 감정이 점차 사라진다. 화를 내고 있던 아내가 부드럽게 표현하면서 남편에게 다가가면 아내에 대한 부정적인 감정이 줄어든다. 내가 노력해서 배우자가 갖고 있던 나에 대한 부정적인 감정이 줄어들 때, 비로소 부부가 연합할 수 있는 환경이 만들어진다. 그리고 화내고 입을 닫는 식의 관계 방식이 둘 사이에 줄어들면 연합이 이루어진다. 그때 비로소 외로움이 사라진다.

부부 연합을 부부치료의 관점에서 보면, 배우자의 감정에 다가가서 풀어주는 것을 말한다. 돕는 배필은 배우자의 마음을 살피는 것이다. 배우자가 힘든 마음에 용기 내어 다가가보라. 부부 연합으로 발생된 축복이 얼마나 큰지를 알게 될 것이다. 창세기 2장 24절 말씀은 에덴동산의 아담과 하와에게만 해당되는 말씀이 아니다. "부부가 연합하여 한 몸을 이루라."

지금 현대를 살아가고 있는 '철수와 영희'에게도 해당되는 부부 관계 회복의 진리다.

남녀 차이는 축복이다

남녀는 차이가 분명히 존재한다. 한때《금성에서 온 남자와 화성에서 온 여자》라는 책이 각광을 받았다. 남자와 여자가 다름을 알게 해 주었다. 하지만 많은 전문가들도 차이를 강조하지 그것이 축복이고 오히려 연합의 재료라는 사실을 강조하지 않는다. 차이를 잘못 이해하면 부부 관계를 위험에 빠뜨릴 수 있다. 서로 너무 다르다는 사실에 실망하고 하나로 연합하는 것을 포기하는 경우를 본다. 차이는 연합의 재료이지 그것이 부부를 불행하게 하지 않는다. 차이는 서로 보완할 수 있는 좋은 파트너가 될 수 있다. 부부가 연합하기 위해서 차이를 알아야 한다. 서로를 깊이 이해하고 다가가기 위해서 차이를 배우는 것이다.

남녀는 다르게 창조되었다. 혹자는 재료부터 달라서 남자는 흙, 여자는 뼈로 만들어졌다고 말한다. 여자가 더 단단하고 나중에 만들어졌으니 신형이라고 말하기도 한다. 남녀가 다르게 창조된 하나님의 섭리를 이해해야 한다.

창조부터 달랐다

이미 언급했듯이 남자와 아내로 만들어졌다. 남자의 출발은 남자이고 여자의 출발은 아내다. 남자는 혼자 있었고 여자는 관계 속에서 만들어졌다. 남자는 일이 우선이었고 여자는 돕는 배필이었다. 이러한 차이가 큰 차이를 만들었다. 아담은 이 세상에 혼자 존재해봤던 유일한 사람이다. 하나님이 시킨 사명인 에덴동산을 경작하고 실과 이름을 지었다. 창세기 2장 15절 "그 사람을 이끌어 에덴동산에 두어 그것을 경작하며 지키게 하시고"라고 기록되어 있다. 아담의 첫 임무가 바로 동산을 경작하고 지키는 일이었다. 그리고 각 생물을 가져와 이름을 짓게 했다. 창세기 2장 19절에 보면 하나님이 흙으로 각종 들짐승과 새를 지으시고 아담 앞으로 가져갔습니다. "아담이 각 생물을 부르는 것이 곧 그 이름이 되었더라."

하와는 혼자 사는 아담이 좋지 못하여 그를 위하여 돕는 배필로 창조되었다. 창세기 2장 18절은 다음과 같이 기록되었다. "사람이 혼자 사는 것이 좋지 아니하니 내가 그를 위하여 돕는 배필을 지으리라 하시니라."

여자는 아내로 지어졌다. 그래서 결혼을 하면 남자는 바로 남편이 되지 않고, 여자는 바로 아내가 된다. 초기 부부 갈등은 여기에서 비롯된다.

사명이 달랐다

남녀는 업무에서 차이가 난다. 남자는 사명이 일이었다. 땅을 경작하고 지키며 이름을 짓는 일이었다. 하지만 여자는 돕는 역할이 컸다. 남자는 일에 적합하게 만들어졌다. 근육이 발달했으며 골격도 크다. 여자보다 힘을 쓸 수 있는 일에 적합하게 창조되었다. 여자는 관계성이 크다. 자녀를 양육하고 수유가 가능하며 정서적인 유대감을 남자보다 잘하도록 창조되었다. 하나님은 남자보다 여자에게 정서적인 풍성함을 허락했다.

본능적으로 모성애는 관계적인 요소이고 부성애는 일과 연관되어 있다. 남자는 주로 업무와 일에 집중하고, 여자는 관계를 상대한다. 남자는 일로 풀어가지만 여자는 관계로 풀어간다. 남자는 일이 풀리지 않으면 골치가 아프지만 여자는 관계가 풀리지 않으면 가슴 아파한다. 남자는 일을 해서 가족을 먹이는 데 집중하지만 여자는 남편과의 관계가 중요하다. 남편과 관계가 좋을 때 가사와 육아를 처리할 수 있는 힘을 얻는다. 하지만 남자는 그렇지 않다. 아내와 갈등이 있는 남편도 밖의 일은 해 나간다.

남자가 하는 일은 집(house)을 짓고 아내가 하는 일은 가정(home)을 가꾼다. 남자는 밖에서 일을 해서 벌어온 돈은 집을 짓는 데 적합하다. 돈은 집을 짓는 데 필요한 자원을 만든다. 하지만 아내는 육아를 하고 가사를 하며 정서적인 유대감을 만드는 등 가정을 가꾸는 데 적합하다. 부부를 컴퓨터에 비유하자면. 남편이 만든 집이 하드웨어라면 아내가 만든 가정은 소프트웨어다. 그래서 남편과 아내의 일의 소중함을 따져서는 안 된다. 목적이 있어서 역할이 다르게 창조되었다. 컴퓨터가 작동하려면 하드웨어와 소프트웨어가 모두 소중하다. 인간이 살아가는 데 튼튼한 집과 따뜻한 가정 모두 소중하다. 외부의 적과 비바람은 집이 막아주고, 심리적인 상처는 가정이 품어서 막아준다. 어느 하나가 없으면 정상적인 생활과 성장이 어렵다. 집을 짓는 남편은 아내가 하는 육아와 가사를 하찮게 여기면 안 된다. 가정을 꾸리는 아내는 남편의 일을 당연하다고 여기면 안 된다. 서로 지지하고 칭찬해 주어야 한다. 가부장적인 유교의 가정은 이런 개념이 아니었다. 밖에서 남자가 일하면, 집안일을 하는 아내를 무시하고 하찮게 여겼다. 돈을 벌면 큰 소리를 쳐도 되었다. 물론 가난한 상황에서 경제가 중요했다. 하지만 그때 하나님의 창조원리가 유교보다 먼저 들어왔다면 달랐을 것이다. 열심히 돈을 번 남자도 위로받고 가정에서 일하는 아내도 칭찬을 받지 않았겠는가?

남편이 아내에게 "네가 집에서 뭐하는 일이 있다고!"라고 말하지 않았을 것이다. 아버지의 발자국 소리는 불안과 두려움에 빠뜨리지 않고 가족이 반갑게 맞아 주었을 것이다. 남편도 아내에게 자녀와 가사를 돌본다고 수고했다며 위로했을 것이다.

남자는 아내를 사랑하고 아내는 남자의 일을 존중해야 한다. 남자는 집에 가족과 함께 있으면 행복하다고 생각한다. 하지만 아내는 집에서 어떻게 지내냐가 더 중요하다. 남자는 집이라는 공간이 중요하고 여자는 집에서 공감을 서로 하고 있는지가 중요하다. 남자는 집에서 아내와 아무 것도 하지 않아도 크게 불편하지 않다. 하지만 아내는 함께 정서적으로 공유되는지 않으면 큰 집에 살아도 행복하지 않다.

해결 방법이 다르다

남자는 일처리(doing)가 우선이고 여자는 정서적인 소통(feeling)이 먼저다. 남자는 갈등이 생기면 뭔가 하려한다. 남자는 해결책을 구상하여 선물로 무마하거나 여행을 떠나려 한다. 집안일을 도우면 아내 상처가 사라진다고 여긴다. 그래서 외도한 친구에게 아무렇지 않게 '아내에게 비싼 가방하나 사들고 가'라고 조언한다. 그것이 상처가 될 수 있다는 것을 모른다.

하지만 여자는 일처리보다는 마음을 먼저 달래 주기를 원한다. 아내는 부부 싸움을 하고 남편이 다가와서 '속상한 마음'을 알아 주고 나눠 주기를 원한다. 하지만 남편은 집에 와서 아내 눈치를 보면서 뭔가를 시도한다. 남편의 해결은 일을 먼저 하는 것이다. 아내 눈치를 보면서 아이를 보거나 책장을 정리한다. 왜냐하면 남자는 자기가 시도한 작은 일에 아내가 관심을 보이거나 인정을 하면 아내가 무장해제 되었다는 지표로 삼는다. 아내 마음이 풀렸다고 생각한다. 남편은 결과가 중요하다. 하지만 아내는 과정이 중요하다. 여름 휴가를 동해로 떠나면 남편은 이미 동해에 가 있다. 그래서 그곳으로 향해서 달리기만 한다. 하지만 아무 말 없이 목적지만 향해서 달리고만 있는 남편을 보고 있으면 아내는 이미 여행을 망친 기분이다. 가는 과정에서 과거 힘든 얘기도 하고 길가의 경치도 나누고 싶다. 하지만 남편은 목적지를 향해서 달리기만 한다. 그런 아내가 속상해서 불만을 말하기 시작하면, 남편은 여행을 망쳤다고 생각한다. 아내는 목적지로 가는 과정도 여행의 일부이고, 남편은 목적지에 빨리 도착해서 뭘 해야 할지가 중요하다. 그래서 해떨어지기 전에 빨리 도착해서 가족을 위해서 뭔가를 해야 한다.

남편은 관계도 일처리 하듯이 한다. '앞으로 잘할게' 라든지 '내가 뭘 그렇게 잘못했어'라는 말을 사용한다. 아내는 관계를 소통의 관점에서 바라본다. 남편이 뭔가를 잘하는 것보다 자신의 마음을 잘 헤아려 주면 된다. 아내 입장에서는 자신의 잠정을 풀어 주는 것이 남편이 가장 잘하는 것이다.

남편의 일과 아내의 관계성은 갈등을 직면하는 데도 어려움을 겪는다. 부부 사이에 갈등이 발생하면 남편은 결혼이라는 일을 실패했다고 생각한다. 아내가 감정을 얘기하고 아프다고 말하면, 순간 남편은 자신을 실패의 원인으로 아내가 생각하는 것만 같아서 괴롭다. 그래서 아내의 마음을 이해하기 전에 자신을 비난한다고 생각한다. 갈등 상황에서 남편은 아내가 부정적이고 자신을 비난하고 공격한다고 느껴서 화를 내고 회피한다. 부부간에 갈등은 또 하나 자기가 해야 하는 일의 실패다. 그래서 남편은 아내에게 다가가기보다는 만회하기 위해서 또 다른 노력을 더한다.

"저는 요즘 엄청 노력해요. 집에도 빨리 들어오고 설거지도 도와주려 해요. 아이도 보고 있습니다. 아내가 원해서 낮에 전화도 자주 해요. 그런데 아내가 여전히 힘들다고 하고 부정적인 말을 하면 마치 이 결혼을 끝내자고 하는 말 같이 들려요. 내가 잘못했다고 비난하는 것 같아서 무척 힘이 듭니다. 내가 아무리 노력을 해도 회복이 힘들 것 같아요."

관계와 감정을 중시하는 아내는 현재 상태를 말한다. 관계가 좋으면 기뻐하고 행복해 한다. 하지만 관계가 나쁘고 불화가 오면 아프고 괴롭다고 말한다. 남편의 실패를 지적하기보다는 자신의 감정이 좋지 못하다는 것에 중심을 두고 있다. 말을 하면 관계가 좋아지는 줄 알고 나쁜 감정이 풀어진다는 것을 알기 때문에 남편에게 말을 한다, 소통이 되면 감정이 환기되어 풀어진다. 그런 자신을 피하는 남편에게 실망한다. 남편이 야속하다.

"남편은 내가 뭔가 말을 하면 자신을 비난한다고 느끼는 것 같아요. 오늘 상담을 하면서 들어보니까 남편이 그렇게 생각할 수 있는 점은 이제 조금 이해했어요. 하지만 남편이 내 마음을 풀어주는 것이 중요하다는 것도 알았으면 좋겠어요. 내가 말할 때 남편이 화내고 나가버리면 또 다시 버림받는 느낌이 들어서 내 마음은 더욱 부정적으로 변해요. 나의 이런 마음을 풀어 주면 좋겠어요. 함께 말하면 나는 풀어지고 행복할 수 있다는 사실을 남편이 알아주면 해요."

소통이 차이를 연합으로 이끈다

열심히 집을 짓는 남편과 가정을 가꾸는 아내가 연합하려면 소통이 잘되어야 한다. 아내는 시부모와 관계에 갈등이 생기면 그 부분의 소프트웨어만 고치면 된다. 경제적으로 힘든 부분이 있으면 그 부분에 대한 얘기만 서로 나눠서 풀면 된다. 그런데 남편은 소프트웨어가 잘못되면 컴퓨터전체가 망가진 것으로 생각한다. 아내가 시댁 얘기를 해도, 경제나 아이에 대해서 힘든 부분을 얘기해도 남편은 비슷하게 반응한다. 아내는 문제를 나누면 행복해질 수 있다고 생각한다. 하지만 남편은 문제를 나누면 실패했다고 생각한다.

"내가 결혼생활을 망쳤다는 거야?"

아내가 불만을 말하면 남편은 자신의 잘못으로 가정이 실패했다고 생각해서 자괴감에 빠진다. 자신을 비난한다고 여긴다. 결혼이 실패하고 가정이 모두 망가졌다고 느껴진다. 그렇지 않다. 아내는 자신이 지금 불만을 갖고 있는 고부갈등만 해결해 주면 다시 행복해진다. 지금 아내가 갖고 있는 불만을 이해해주면 결혼에 대해서 만족할 수 있다. 남편은 하나의 덩치로 문제를 보고 아내는 문제 자체를 바라본다. 아내가 불만을 말하면 남편은 가정생활을 파괴할 정도로 자신이 잘못했나하는 생각에 빠져든다. 아내는 전체의 잘못이 아니라 그 문제만 풀어 주면 가정은 잘 돌아간다고 생각한다.

불화가 생기면 남편은 실패감을 느낀다. 자신이 무능력하다고 생각한다. 일을 잘못 처리했다고 생각한다. 아내는 고립감을 느낀다. 단절되고 외로운 감정에 빠진다. 남편은 실패를 만회하기 위해서 다시 일에 빠져들고 아내는 고립감을 회복하려고 관계에 집착한다. 부부 불화가 있으면 남편은 점차 일중독자가 되고 아내는 자녀에게 집중한다. 다른 관계를 찾는다. 점차 부부의 연합이 힘들어진다. 일과 연합한 남편과 자녀와 연합한 아내로 인하여 부부 연합이 점차 멀어진다.

결혼 전날에도 남녀 차이가 있다. 남자는 결혼 전날 생각한다. 결혼식이라는 일처리를 잘해야 된다고 고민한다.

'내가 아내와 앞으로 아이를 잘 먹여 살릴 수 있을까?'

'앞으로 가정을 잘 꾸려 갈 수 있나?'

'내일 하객이 적어서 혹시 결혼식이 초라하지 않을까?'

여자는 결혼 전날 남편과의 관계를 떠올린다. 부부로서의 삶이 중요하다.

'내가 과연 남편을 잘 선택한 것인가?'

'남편이 나를 계속 사랑할 것인가?'

'앞으로 남편과 행복한 가정을 꾸릴 수 있는가?'

남녀의 뇌와 호르몬도 다르다

남녀는 뇌기능과 호르몬에서도 다르다. 여성 호르몬인 에스트로겐은 인간관계와 의사소통을 중시한다. 자신의 감정과 의사소통에 집중하고 전화 통화를 오래 지속할 수 있고 혼자하는 일에 흥미를 잃게 만든다. 남성 호르몬인 프로게스테론은 말수를 줄여 침묵하게 만들고 게임등 점수를 올리는 일에 집중하게 만든다. 관계보다는 혼자 몇 시간이고 게임에 빠져있을 수 있다. 남녀의 뇌는 동일하다가 8주에 테스토스테론이 분비되면서 남자의 뇌가 되는데 이때 커뮤니케이션 중추가 파괴되고 성과 공격 중추가 성장한다. 여자의 뇌는 상대의 얼굴 표정을 살피는 것을 가장 먼저 한다. 상호 응시 능력이 생후 3개월간 400배 증가한다. 여아는 상대의 반응에 따라서 자신이 소중한 존재인가 하는 자신의 의미를 빨리 파악한다. 그래서 여아들이 가장 견디기 힘들어 하는 것이 상대방의 무표정한 얼굴이라고 한다.

사춘기에 남녀의 뇌에서 차이가 있다. 여자는 애착 호르몬인 옥시토신 분비가 늘어나서 사회적인 관계와 의사소통이 증가하고 언어 중추가 활성화된다. 남녀의 어휘 능력은 비슷해지지만 일반적으로 말하는 속도는 따라잡기 어렵다. 보통 분당 여자는 250단어, 남자는 125단어를 소화한다. 여자의 사춘기 뇌는 비밀 관계를 중시하고 대화가 여자의 쾌락 중추를 자극한다. 낭만적인 속삭임과 비밀 공유가 쾌락을 증가하고 이때 마약중독자가 느끼는 비슷한 쾌락을 경험한다. 관계의 위협과 상실이 있으면 유대강화 호르몬인 세로토닌, 도파민, 옥시토신 수치가 감소하고 스트레스유발 호르몬인 코르티졸이 증가하여 불안감 증가, 고립감, 강한 거부감을 느끼게 된다. 이에 비해서 10대 남자의 뇌는 대화를 거부하고 게임에 심취하게 만든다. 테스토스테론은 혼자 지내려 하고 가족과 외식을 거부하고 성적인 호기심이 증가한다.

텍사스대학의 로버트 조지프 교수는 남자는 타인으로부터 독립성을 유지하면서 자아 존중감을 갖고 여자는 타인과 밀접한 관계를 유지하면서 자아 존중감이 생긴다고 했다. 여자의 가장 큰 스트레스는 친밀한 관계가 상실할 때이다. 남자는 관계로 생긴 갈등 상황이 어렵다. 그래서 좋은 일이 있을 때 아내를 생각하는 게 남편이다. 하지만 아내는 힘들 때 남편을 떠올린다.

남녀의 이러한 차이는 창조의 섭리다. 남자로 창조된 아담과 아내로 창조된 하와는 그 이유가 있다. 종족을 유지하기 위해서 관계성의 모성애와 일을 하는 부성애가 필요하다. 부부 갈등이 있으면 남편은 남자로 돌아가려 하고 여자는 아내가 되려 한다. 남자로 혼자 떨어져 나가고 아내는 관계에 다가간다. 남자는 회피하고 여자는 관계에 몰두한다. 불화 때 남자는 일에 집중하고 아내는 자녀에게 집중한다. 금성과 화성에서 온 사람이 아니라 하나님의 창조 원리다. 에덴동산에 본래 있었다. 먼저 잘했나 못했나를 생각하는 남자와 나와 한편인가 아닌가를 따지는 아내가 그렇게 창조된 것이다.

이를 해결할 수 있는 유일한 길은 남자와 아내가 연합하여 부부가 되는 것이다. 만일 두 사람이 모두 아담과 같은 성향이라면 관계는 팽개쳐질 것이다. 정서적인 안정감은 무시되고 일만하게 되고 회피하게 된다. 만일 두 사람 모두 하와와 같은 성향이라면 친밀감을 향한 투쟁을 끊임없이 펼칠 것이다. 서로 다르게 창조한 것은 한 사람이 두 가지 일을 할 수 없기 때문에 서로 보완적으로 도움을 줄 수 있다는 것이다. 차이는 극복하거나 무시해서 해결하는 것이 아니라 연합해야 해결된다. 그래야 남편이 만든 집과 아내가 애쓴 가정이 온전하게 된다.

하드웨어와 소프트웨어가 작동하여 컴퓨터가 돌아간다. 일을 하는 남자를 존중하고 가정을 꾸리는 아내를 사랑해야 한다. 서로를 인정해야 비로소 연합할 수 있다. 상대방을 무시하면 절대 연합할 수 없다. 남자가 아내와 연합이 될 때 세상에서 가장 행복한 부부가 된다. 그때부터 어떤 문제든지 풀어갈 수 있다. 남녀의 차이가 축복이다. 내가 갖지 못한 것을 배우자를 통해서 충족할 수 있다. 그래서 연합된 부부는 강한 힘을 가졌다. 둘을 합친 것보다 더 큰 능력을 발휘하게 된다.

성경에 아내는 남자에게 복종하고 남자는 아내를 사랑하라고 했다. 이 두 가지는 한 묶음으로 움직인다. 복종해야 사랑이 살아나고, 사랑을 받아야 복종을 지속할 수 있다. 남편이 살아야 아내가 살고 아내가 살아야 남편이 산다. 남녀 차이를 극복하는 유일한 길은 연합에 있다. 진정한 연합은 서로의 차이를 인정할 때 가능하다. 차이로 인한 영향력을 인정하는 것이다. '당신과 달라서 내가 힘들었어!'라는 태도를 넘어서 '내가 당신과 달라서 당신 힘들었겠다!'라는 태도를 가질 때 차이는 연합의 재료가 된다. 차이가 행복을 크게 만들어 준다.

부부 연합을 위한 접근과 반응(부부 하나 되기)

잊지 못할 부부가 있다. 상담 첫날 여느 부부와 다름없이 화가 난 얼굴이었다. 남편이 말할 때 옆에서 '칫, 칫!'하면서 아내가 연신 끼어들려고 했다. 아내가 지난 세월을 설명하자 남편이 옆에서 좌불안석이다. 고개를 가로저으며 못마땅한 표정을 한다. 물론 서로의 오가는 말이 고울 리 없다. 신혼에 잠깐 행복했던 시간을 제외하고는 즐거운 날이 없었단다. 왜 없었겠는가? 아이 태어나면서 둘이 좋아했을 것이고, 몇 차례 여행을 가면서 즐거운 날들도 분명 있었으리라. 특별히 서로 기념했던 소중한 날도 있었을 것이다. 하지만 이제 그런 좋았던 사건과 기억은 먼 나라 이야기다. 자신과 연관이 없는 아련한 이야기가 되어버렸다.

인간의 감정은 현재의 관계와 경험에 지배받고 형성된다. 이전에 불행했고, 행복했었던 기억은 그리 중요하지 않다. 이전에 좋지 않아도 지금 행복하면, 신난다. 이전에 행복했더라도 지금 불행하면 아무 의미가 없다. 특히 부부는 현재 오가는 행동, 언어, 감정에 의해서 행복을 판단하고 의미를 찾는다. 지금이 행복해야 하는 것이다. 이들 부부는 이혼까지 생각을 했다. 상대방이 바뀌지 않으면 우리부부는 절대 좋아질 수 없다는 생각이 가득했다. 물론 이런 것도 불화가 갖는 증상 중에 하나이다.

상담이 진행되면서 치료자가 남편과 아내의 불평을 판단하지 않고 들어주기를 몇 차례 반복하면서 부부는 조금씩 안정을 찾아갔다. 이때까지 자신의 힘든 심정을 그대로 들어주고 인정해 준 사람이 없었다. 사랑했던 배우자가 그렇게 해주기를 기대했었다. 하지만 힘들다고 말하는 순간 후회하게 되었다. 상대방이 있는 그대로를 들어 주고 공감해 주지 않는다. 어떤 때는 비난까지 하고 자기변명만 늘어놓으니 속 시원하게 마음을 풀 수 없었다.

부부 상담을 하면서 부부가 서로를 있는 그대로 들어준다는 것이 얼마나 중요한지 실감한다. 하지만 어렵다. 갈등이 깊을수록 내 맘을 배우자가 먼저 알아주기를 원한다. 치료자의 위로를 받으며 상담 횟수가 진행되면 상대방의 마음을 이해하기 시작한다. 나만 힘든 줄 알았는데, 배우자도 나만큼 힘들었다는 것이 보이기 시작한다. 그리고 눈물이 많아졌다. 배우자가 비난할 때는 화가 났었는데, 자신의 마음을 들어주는 배우자 앞에서 진한 눈물을 부부 모두 흘리고 있다. 마지막 면담을 할 때 부부는 이런다. "그때 이혼 했으면 큰일 날 뻔 했어요. 이전의 사랑을 다시 회복했어요."라며 행복한 웃음을 짓는다.

부부의 세 종류

《결혼과 사랑의 미학》이라는 책에서 세 종류의 부부가 있다고 한다. 먼저 '갈등을 몰아내는 부부'가 있단다. 한 사람이 배우자를 강하게 몰아 붙여서 일방적으로 갈등을 느끼지 못하게 하는 부부를 말하며, 시간이 지나면서 불행하고 파국적인 결과를 초래할 수 있다.

두 번째는 '갈등을 회피하는 부부'이다. 이들은 갈등이 있는 줄 알면서도 회복하려는 시도를 하지 않고 지낸다. 상대방이 고쳐 주기를 기다린다. 어떨 때는 갈등이 없는 것처럼 행동하고 있으나 진정한 행복감이 없다.

마지막으로 '갈등을 회복하는 부부'가 있단다. 이들은 갈등이 있음을 인정하고, 갈등은 두 사람이 헤쳐 나가야 할 것이라는 것을 인식하고 적극적으로 고치려는 사람들이다. 두 사람이 노력하다가 실패하면 외부의 도움도 기꺼이 청한다. 함께 부부 세미나와 상담에 적극적으로 참여하는 부부로서 행복이 이러한 극복하려는 마음에서 올 수 있음을 알고 있다. 필자가 이 책을 보면서 깨달은 사실은 세 부류의 부부가 있다는 사실보다도 모든 부부가 공통적으로 '갈등'을 겪는다는 것이었다.

몰아내든, 회피하든, 그리고 회복하든 간에 모든 부부는 갈등에서 자유로울 수 없다. 그래서 갈등 자체가 부부를 불행하게 만드는 것이 아니라 갈등을 회복하려고 노력하는 것이 중요하다. 우리 부부만 갈등이 있는 것이 아니라 부부로 살아가는 동안에 갈등은 반드시 겪게 된다는 것이다. 회복이 관건이다.

접근과 반응을 통한 단단한 연합

부부가 연합하려면 배우자에게 다가가고, 접근하는 배우자에게 반응을 보여야 한다. 인간이 결합하기 위해서는 두 가지 재료가 필요하다. 즉, '접근'하고 '반응'이다. 접근하고 반응이 있는 곳에서는 유대감이 생겨난다. 불화가 생기면서 부부는 배우자에게 접근하기도 두렵고 반응을 보이기도 쑥스럽다. 특히 화가 난 상태에서 반응하기란 정말 어렵다. 하지만 위험을 감수하고 접근을 시도해야 연합된다. 모든 부부는 회복이 가능하다. 단지 그 회복을 위해서 넘어야 될 산이 있다. 가장 중요한 것이 용기이고, 다른 하나가 반드시 회복될 수 있다는 믿음이다.

접근은 내가 하는 것이다. 배우자에게 다가가서 자신의 마음을 전해야 한다. 상대방을 비난하고 지적하기보다는 내 마음으로 접근해야 한다. "여보 당신이 정말 필요해! 당신이 나를 인정해 주지 않아서 힘들었어!" 내 마음을 전하는 것이다. 지금까지 내 마음을 알아주지 않는 배우자를 비난만 했다. "당신은 불구자야, 당신은 사람도 아니야, 당신 도대체 어떻게 된 사람이야!"라고 비난을 했었다.

하지만 이렇게 비난하면서 접근하면 상대방은 물러날 수밖에 없다. 접근은 내 마음을 드러내는 것이고, 반응은 배우자의 마음에 다가가는 것이다. 배우자의 마음을 알아주는 것이다. "당신 정말 힘들었겠어!"라고 상대에게 관심을 보이는 것이다. "누군 힘들지 않은 줄 알아!"라고 자신을 방어하는 식은 건강한 반응이 아니다. 반응의 중심이 배우자가 아니라 자신에게 있기 때문에 좋은 결과를 만들지 못한다. 부부 상담을 지속하면 회복되지 않는 부부가 없다. 이혼을 생각하던 부부들도 마찬가지로 회복된다. 초기에 화가 나서 그만두고 싶어 하는 사람도 있지만 그 산을 넘으면 고른 평지가 있다.

인간관계를 끈끈하게 이어주는 중요한 방법은 '연합'하여 관계 친밀감을 높이는 것이다. 결합을 위해서는 접근과 반응이 원활해야 한다. 부부치료에서 가장 중요하게 생각하는 것은 문제 해결보다도 부부의 결합이다. 부부가 연합하여 한 몸을 이루면 어떤 문제든지 해결할 수 있게 된다. 부부 관계의 문제는 접근과 반응의 문제다. 적절하게 접근하고 상대방이 그것에 맞는 반응을 하면 자연스럽게 재결합을 이룰 수 있다. 부부가 서로 편안하게 접근하고 적절하게 반응할 수 있는 방법을 알고 용기를 내야 한다.

그렇다면 부부의 친밀감이 사라지게 되는 이유는 무엇일까? 부부의 결합이 약해지는 이유는 무엇일까? 바로 잘못된 접근과 반응이다. 결합하지 못하는 이유는 서로 다가가지 않고, 반응을 하지 않기 때문이다. 아니면 잘못된 방식으로 접근하고 반응하기 때문이다.

부부가 이성적으로 다가가고 반응하면 지적 결합이 일어난다. 신체적으로 다가가고 반응하면 신체적으로 결합된다. 그런데 부부 관계에서 지적, 신체적 결합보다 중요한 것은 바로 정서적 결합이다. 서로 정서적으로 다가가고 반응해야 한다. 그래야 친밀감이 회복된다. 연애 시절 상대에게 다가가고 반응하는 데 얼마나 많은 시간을 보냈는지 생각해 보자. 사소한 일 하나에도 서로 위로하고 반응을 보였다. 비단 연애 시절을 돌이켜보지 않더라도 모든 부모들은 자녀들에게 자주 다가가고 반응하려는 태도를 보인다. 아무 조건 없이 아이에게만 집중하여 반응을 보이는 엄마의 모습은 참으로 아름답다. 평화란 바로 그러한 상호 작용에서 만들어진다.

애착 관계는 정서적으로 친밀한 유대감이 형성된 관계다. 그러므로 부부 관계에서는 정서적 유대감이 절대적으로 필요하다. 부부의 생명력을 유지하는 것이 바로 정서적 유대감이다. 유대감이 형성되면 가정이나 가정 밖에서 발생하는 문제에 부부가 공동으로 대처할 수 있다. 경제적인 어려움, 시댁 문제, 자녀 문제, 직장 문제 혹은 갑작스러운 사고를 당해도 모든 일을 함께 대처해 나간다. 하지만 유대감이 없거나 약한 부부는 사소한 사건 하나에도 가정이 와르르 무너진다. 부정적인 고리에 빠져들어 서로 비난하고 침묵하는 식의 접근과 반응을 한다.

부부가 연합하여 하나 될 때, 진정한 행복을 느낄 수 있다. 그것에서 오는 행복감은 어떤 것으로도 살 수 없다. 어느 부부가 회복되어 마지막 상담하면서 내게 했던 말이 생각난다. "화난다고 이혼했으면 큰일 날 뻔 했어요. 이런 행복을 내 욕심 때문에 차버릴 뻔 했어요."

배우자를 채워 주면 나에게도 채워진다는 것, 배우자를 비난하면 나도 비난 받게 된다는 것, 배우자를 칭찬하면 나도 칭찬을 받게 되는 것, 배우자에게 다가가면 배우자도 다가오는 것, 그래서 부부는 한 몸인가보다. 연합하지 못하면 혼자되고 고립된다. 하지만 누군가와 연합되었을 때 혼자 있으면 독립하여 살아갈 힘이 생긴다.

아이도 부부도 마찬가지다. 사랑받은 아이가 힘차게 자신의 삶을 살고, 연합된 부부가 자신이 맡은 일을 하면서 신이 난다. 하나님께서도 인간이 혼자 사는 것을 좋지 않다고 했다. 연합하여 한 몸을 이루지 못한 부부를 보면 하나님께서 가슴 아파하실 것이 분명하다. 지금 배우자에게 용기 내어 접근하고 반응을 보여야 할 필요를 느끼지 않는가? 그 보상은 엄청 클 것이다.

연합을 위한 3단계 대화법

얼마 전 상담을 하던 부부의 이야기다. 남편 철환씨는 아내가 너무 쉽게 폭발하는 것 같다. 매사가 부정적이고 사사건건 시비를 걸고 비판한다. 맞서면 싸움이 커질 것 같아 다가갈 수 없다. 그래서 아내 인애씨가 안아 달라고 하는데 마음이 움직이지 않는다. 그것으로 해결이 될 것 같지 않다. 자신이 불편한 마음이 있는데 아내에게 다가가는 것이 가식으로 느껴져 그렇게 할 수 없다. 그래서 불편한 마음을 숨기기 위해서 입을 닫는 것이 속 편하다. 아내와 회복해야겠다는 다짐을 해 보지만 그녀에게 다가가는 길은 멀게 느껴진다. 심하게 화를 내는 인애씨가 정신병이 있는 것 같다. 그런 철환씨에게 인애씨는 말한다. “내가 화를 내거나 짜증을 내면 그냥 ‘그랬구나!’하고 받아 주면 된다.”

하지만 오늘도 남편은 그렇게 반응하기보다는 해결책을 제시하고 만다. 그녀는 그의 이런 태도에 늘 답답하다. 부부학교에도 함께 참여했다. 조금 나아지나 싶더니 남편이 또 회피하고 물러나 버린다. 얘기를 좀 하자고 하면 피하고 마음을 이해해달라고 하는데도 남편은 자기변명만 늘어놓는다. 자신이 그럴 수밖에 없었던 이유만 말한다. 그래서 남편과 얘기를 하면 할수록 인애씨는 풀리지 않고 화만 난다. 철환씨가 정서적인 불구자처럼 느껴져서 이제 그와 정서적으로 소통하는 기대를 접어야 될 것 같다. 그런 인애씨에게 철환씨가 말한다. "우리가 싸우고 나서 나는 화가 나면, 시간이 지나면 화가 저절로 풀리니 제발 며칠이고 나를 내버려 둬."

하지만 오늘도 아내는 자신의 거부하며 멀리 도망가는 남편을 그냥 버려둘 수 없어서 화가 난다. 자신을 버리고 방치하는 남편의 태도에 화를 참기 어렵다. 부부의 정서적인 유대감은 갈등을 해결하는 열쇠다. 남편이 실직해도 격려하면서 관계가 강해지는 부부가 있다. 반대로 제법 많은 월급을 받아와도 쥐꼬리만 하다며 싸움을 일삼는 부부가 있다. 직장 회식에 잘 놀다 오라며 힘을 실어 주는 아내도 있고, 몇 분 간격으로 전화를 해서 공격하는 아내가 있다. 아내가 우울해 할 때, 곁에서 위로하는 남편이 있는 반면 오히려 화를 내어 우울증을 심각하게 만드는 남편이 있다. 왜 그럴까?

남편의 실직, 회식, 아내의 우울증은 갈등의 표면적인 이유다. 부부 갈등을 파고 들어가 보면 진짜 이유는 따로 있다. 부부의 '정서적인 유대감', 즉 '연합'에 있다. 평소 유대감이 있는 부부는 문제가 생겨도 함께 고민하면서 쉽게 풀 수 있다. 하지만 유대감이 사라진 부부는 사소한 일에도 배우자를 비난하고 부정적인 메시지를 보내어 가정을 전쟁터로 만든다. 그래서 유대감은 더욱 떨어진다. 부부 사이에 유대감이 떨어지면 화가 나서 공격하거나 도망을 가게 된다. 정서적 유대감을 회복하기 위해서는 정서를 강화하는 대화법을 알아야 한다. 정서적 유대감을 회복시키는 3단계 대화법이 있다.

반영, 거울이 되기

첫 번째는 '반영'이다. 반영은 거울이 되어 주는 것이다. 거울을 한번 보라! 지금 거울이 당신에게 뭐라고 말하고 있는가? 거울은 아무 말을 하지 않고 묵묵히 당신의 모습을 비춰 주기만 한다. 그 거울 앞에서 매일 기적이 일어난다. 거울은 말 한마디 하지 않는데 그것을 보고 있는 모든 사람은 스스로 자기가 고쳐야 할 것을 고친다. 거울에 비친 자신의 얼굴을 보면서 뭐가 묻었는지, 화장은 잘되었는지를 알고 스스로 교정한다. 거울은 판단하지 않는다. 거울이 만약 '너 못났어. 제발 고쳐!'라고 하면, 당신은 거울을 깨버리고 싶을 것이다. 묵묵히 바라봐 주면, 거울을 보던 사람이 알아서 고치게 된다. 부부 사이에도 이러한 반영이 중요하다. '이래라 저래라' 하거나 '옳다 그르다'고 판단하고 지적하지 않아도 된다. 배우자를 고치는 비결은 거울이 되어 바라봐 주면 된다. 맞장구를 치면서 얼굴을 마주보고 '응', '그랬구나'라고 반응하면, 배우자는 스스로 자신의 문제를 고치고 위로받고 안정을 찾아간다. 자신의 모습이 어떤지 깨닫지 못하면 결코 그 행동을 고치기 힘들다. 어느 아내가 말했다.

"남편이 나보고 화내지 말고 조용히 말하라고 고함친다고 해서 저의 화내는 행동이 고쳐지지 않았어요. 하지만 화가 난 내 모습을 이해해 주고 받아줄 때 비로소 미안한 마음이 들고 내 행동이 부끄러워져서 고칠 수 있게 되었어요."

"회사에서 힘들다고 하면 아내는 '남자가 그런 일은 참아야지. 가장이 그 정도를 못참으면 가족을 먹여 살일 수 있겠어'라고 할 때는 사표를 쓰고 싶고 화가 났어요. 요즘 내가 힘들다고 하면 그 마음을 그대로 받아주니까 오히려 회사에 나가는 것이 이전보다 힘들지 않아요."

인정, 배우자의 가능성을 받아들이기

두 번째 정서적인 유대감을 강화하는 대화법이 '인정'이다. 인정은 '당신 그럴 수 있어'라는 메시지를 전달하는 것이다. 배우자가 잘못이라는 태도를 버리고 배우자가 느끼는 감정이 옳다고 인정하는 것이다. 상담하다보면 남편도 옳고, 아내의 얘기를 들으면 아내의 입장도 이해된다. 부부 불화가 심해지면 자신보다 배우자가 문제라고 생각하게 된다. 그래서 배우자의 억울한 사연을 있는 그대로 들어주지 못한다. 아내가 우울한 것도, 남편이 서운한 것도 옳은 것이다. 감정은 거짓말을 하지 않는다. 아내가 죽고 싶을 정도로 우울한 것도 옳고, 남편이 울적해서 혼자 있고 싶은 감정도 옳은 것이다.

사람들에게 자신을 소개해 보라고 하면 다양한 방식으로 표현할 것이다. 어떤 이는 자신이 어느 초등학교, 중학교, 고등학교, 대학교를 나왔는지에 대해서 소개할 것이다. 어떤 사람은 가족 상황을 설명하면서 여섯 형제 중 자신은 몇째로 태어났으며, 자신이 자라난 가족 분위기를 위주로 설명하기도 한다. 어떤 이는 전공분야에 대해서 설명하면서 지금 하고 있는 일에 대한 비전을 나눌 것이다. 어떤 사람은 자기 종교적인 배경을 중심으로 미래에 하고 싶은 사명을 드러낼 수 있다. 개인마다 다른 다양한 내용을 표현할 것이다. 그럴 때 우리는 고개를 끄덕이면서 공감하고 그 내용을 인정한다. 그것을 들으면서 판단 없이 듣는다. 그런데 유독 다음과 같이 표현할 때는 그렇게 하지 말라고 조언을 한다. "저는 지금 남편과 오랜 갈등으로 외롭고 우울한 상태입니다. 가끔 죽고 싶을 때도 있고 아이들을 위해 아무 것도 하기 힘들 정도로 무기력합니다." "저는 아내가 나를 인정해 주지 않아서 무척 외롭고 하는 일도 지칩니다. 내가 무능력하다는 느낌이 들어서 고통스럽습니다."

이렇게 감정으로 자신을 말하면 그 감정을 인정하기보다는 잘못되었다고 지적한다. 심지어 배불러서 그런다고 핀잔을 준다. 정신차리라고 오히려 화를 낸다. 특히 감정을 표현하는 것을 잘못되고 나약하다고 여기는 문화에서 더더욱 그런 반응을 많이 한다. 자신의 상황을 설명할 때 그 마음에 동조하여 인정을 받으면 그 자체로 힘을 얻는다. 누군가 자신의 비전을 나눌 때 '그렇군요'라고 인정을 받으면 신이 나듯이 감정을 그대로 인정받으면 그 힘으로 벗어날 수 있다.

이스라엘대학의 마르틴 부버가 언급한 '타인을 인정하기'라는 아래 구절은 인정이 가진 의미와 힘을 함축하고 있다. "인정은 다른 사람의 가능성을 받아들이는 것을 의미한다. 나는 현재 성장할 수 있고 변화될 수 있다는 가능성을 다른 사람에게서 확인받았다."

소중한 사람이 인정하면 성장할 수 있고 변화될 수 있다.

공감, 들어가서 느끼기

세 번째는 '공감'이다. 공감은 '들어가서 느끼다'라는 의미를 갖고 있다. 배우자의 입장에 들어가서 이해하려는 적극적인 노력을 말한다. 이는 연습이 필요하고 유사한 상황에 처했던 나의 경험을 떠올리며 배우자의 아픔에 다가가는 태도를 말한다. 역지사지(易地思之)의 심정으로 바라봐 주는 것이다. 공감이 남자들은 쉽지 않다. 정서를 나누는 일에 익숙하지 않다. 공감 호르몬도 적고 거울 신경도 여자가 많다. 그래서 남자들은 공감보다는 의지적인 반영과 인정을 먼저 하려고 노력해야 한다.

결국 반영하고 인정하고 공감을 받을 때, 변화할 수 있는 동력을 갖는다. 비난하고 지적하고 무시하면, 변화할 수 있는 동력을 잃게 한다. 본인이 변화할 수 있는 힘이 있을 때, 변화가 일어난다. 반영과 인정은 상대방의 의견에 동의하지 않아도 가능하다. 만일 당신의 자녀가 죽고 싶다며 힘들어 할 때, 매를 들고 화를 낼 것인가? 그렇게 하지 않을 것이다. 다가가서 위로해 주고 아픔을 함께 하면, 자녀는 힘을 얻어서 일어날 수 있다. 자녀가 죽는 것에 동의하는 부모가 어디 있겠는가? 아내가 죽고 싶다는 말에 동의하는 남편이 어디 있겠는가?

회사를 그만두고 싶다는 남편의 말을 동의할 아내는 없을 것이다. 하지만 죽고 싶다는 아내의 말에 귀 기울이고 힘들겠다고 반영하고 인정을 하면, 죽고 싶은 마음이 사라진다. 하지만 우리는 위로가 필요한 순간에 반대로 상처를 주는 방식으로 반응하는 경우가 허다하다. '배가 불러서 그런다' '정신 차리라'고 반응하여 오히려 상처를 덧입힌다.

부부 사랑의 핵심은 정서적 유대감의 회복이다. 성경적인 유대감 회복은 부부가 연합하는 것이다. 우울해 하는 배우자에게 우울하겠다고 말하면 연합이다. 기뻐하는 배우자에게 함께 기뻐하면 부부는 연합한 것이다. 울고 있는 배우자의 감정에 다가가면 연합이고 그 감정을 싫어하고 무시하면 연합하지 않는 것이다. 부부 갈등과 문제를 해결하기 위해서는 옳고 그름을 따지기 전에 정서적인 대화가 가능해야 한다. 그래서 반영, 인정 그리고 공감의 태도는 부부가 풀지 못한 많은 문제의 해결의 열쇠가 될 것이다. 유대감이 있는 부부는 모든 문제를 함께 의견을 나누면서 해결한다. 문제가 있을 때마다 싸우는 부부는 유대감이 사라진 부부다.

부부의 연합은 옳고 그름을 판단해 주는 관계가 아니라 이해와 수용해 주는 관계가 된다는 의미다. 부부의 연합은 서로 반영, 인정, 공감을 하는 관계가 되는 것이다. 그렇게 하기 위해서는 연합의 언어를 사용해야 한다. "난 당신 편이야!" "괜찮아, 당신 그럴 수 있어!" "당신 입장 이해해!" "당신을 지지해!"

심리학자 칼 로저스는 말했다. "사람이 온전히 이해받고 수용되면 될수록 더욱더 그는 자기 인생의 거짓된 태도를 버리고, 점점 더 앞으로 나아가는 경향이 있다."

예수님이야말로 공감을 강조했고 실천하셨다. 친히 인간이 되어서 우리에게 다가오셨다. 히브리서 4장 15절에 "우리에게 있는 대제사장은 우리 연약함을 체휼하지 아니하는 자가 아니요. 모든 일에 우리와 한결 같이 시험을 받은 자로되 죄는 없으시니라"고 하셨다.

'체휼하다'라는 말이 바로 공감을 의미한다. 예수님은 우리의 연약함을 보고 혼자 해결하라고 하지 않았다. 우리에게 연합해 주었다. 하나님의 믿음 안에 있는 우리는 다른 사람의 아픔에 다가가야 한다. 그렇게 하기 위해서 가장 가까운 가족의 마음을 끌어안아야 한다. 로마서 12장 15절에는 "즐거워하는 자들로 함께 즐거워하고 우는 자들로 함께 울라"고 했다. 하물며 배우자에게 이런 마음을 품는 것이 건강한 것이다.

부부 연합 척도

현재 부부의 연합 정도를 알아보기 위하여 다음의 질문을 읽고 부부가 함께 답을 해 보자. 각 문장을 읽고 사실이면 '예', 다르면 '아니오'에 표시하라. 예라고 답한 문항을 1점으로 계산한다. 이 설문의 결과는 비단 부부 관계만이 아니라 당신의 모든 관계에 반영할 수 있다. 각자 설문을 마친 후 배우자와 결과에 대해 토의 시간을 갖는 것도 좋다. 부부가 연합하기 위해서 한 사람이 접근하고 상대방은 반응하되 정서적인 교감이 이루어져야 한다. 정서적 소통이 중요하다.

* 당신 생각에 배우자가 당신에게 쉽게 접근하는 편인가요?

1. 나는 쉽게 배우자의 관심을 받을 수 있다.

   예 ( ) 아니오 ( )

2. 배우자는 나와 정서적인 유대감이 있다.

   예 ( ) 아니오 ( )

3. 배우자는 내가 가장 소중하다고 말해 준다.

   예 ( ) 아니오 ( )

4. 나는 지금 외롭지 않고 부부 관계도 좋은 편이다.

   예 ( ) 아니오 ( )

5. 나는 배우자와 속마음을 쉽게 나눌 수 있고, 배우자는 내 말을 경청한다.

예 (　　) 아니오 (　　)

* 당신 생각에 배우자가 당신에게 쉽게 반응하는 편인가요?

1. 내가 배우자와 함께 있고 싶어 위로해 달라고 말하면, 배우자는 그렇게 해 줄 것이다.

   예 (　　) 아니오 (　　)

2. 내가 가까이 있고 싶어 하면, 배우자는 다가와 줄 것이다.

   예 (　　) 아니오 (　　)

3. 나는 불안하고 두려울 때, 배우자에게 기댈 수 있다.

   예 (　　) 아니오 (　　)

4. 나는 배우자와 다투거나 의견이 다를 때에도 여전히 배우자에게 중요한 사람이며, 우리는 서로 감정을 쉽게 나눌 수 있다.

   예 (　　) 아니오 (　　)

5. 배우자에게 내가 얼마나 소중한 사람인지 쉽게 알 수 있다.

   예 (　　) 아니오 (　　)

* 당신은 배우자와 긍정적으로 교감하고 있습니까?

1. 나는 배우자와 함께 있을 때 편안하고, 배우자를 신뢰한다.

   예 (　　) 아니오 (　　)

2. 나는 배우자에게 모든 것을 말할 수 있다.

   예 (　　) 아니오 (　　)

3. 나는 배우자와 떨어져 있어도 서로 연결되어 있다는 확신이 있다.

예 (　) 아니오 (　)

4. 배우자는 나의 기쁨, 고통, 두려움에 관심을 갖고 있다.

예 (　) 아니오 (　)

5. 나는 배우자와 나의 모든 감정을 편하게 나눌 수 있다.

예 (　) 아니오 (　)

부부 모두 점수가 7점 이상이면 비교적 안정적으로 결합되어 있다는 것이다. 점수가 7점보다 낮으면, 결합을 위한 적극적인 노력이 필요한 상태다. 한 배우자는 15점인데 상대 배우자가 0점인 경우도 있다. 이러한 불일치는 부부 불화의 원인이 되기도 한다. 한 사람은 정서적인 연합을 원하는데 상대 배우자는 그렇지 않고 싸우지 않으면 친밀하다고 생각한다. 이럴 때 문제가 생긴다. 지금 부부 연합 정도가 낮게 나타나면 부부가 갈등을 겪고 있다. 부부가 함께 불화를 극복하기 위해서 노력할 필요가 있다는 신호다.

부부 상담을 찾아오는 대부분의 부부의 초기 점수가 아주 낮다. 간혹 남자는 점수가 높고 아내는 낮게 체크하는 경우가 있다. 남편은 정서적인 친밀감을 느끼지 못해도 크게 불편하지 않고 아내는 그렇지 않게 생각한다.

저자의 연구소에서 상담을 마친 부부의 경우 상담 전에는 평균 3-4점 정도이다가 상담을 하면 12점을 넘는 결과를 보이고 있다.

지금 우리 부부가 0점이라도 함께 노력하고 배우면 점수가 올라간다. 모든 부부가 연합이 될 수 있다는 사실은 상담 전후 현격한 연합 척도의 변화를 보면 알 수 있다.

정서적 연합

최근 많은 부부가 행복한 삶을 위해서 갈등을 용기 내어 드러내는 것을 볼 수 있고 그 용기에 박수를 보내고 싶다. 이 또한 한국 사회에 불고 있는 긍정적인 큰 변화라 생각된다. 부부 갈등을 개선하는 데 도움이 되는 프로그램이 많아졌다. 부부학교, 부부 세미나, 부부 캠프, 강좌, 상담할 곳이 늘어나고 있다. 아픔을 겪고 있는 부부에게 용기를 내라고 권하고 싶다. 부부 갈등은 주변에 도움을 청하면 회복의 물꼬를 틀 수 있다. 최근에 황혼기와 신혼부부의 상담 신청도 늘고 있다. 가정의 무게 중심이 부부로 옮아오고 있음을 느끼는 대목이다. 가정의 중심이 '부부'일 때, 행복이 늘어난다는 연구결과에 부합되는 긍정적인 변화다. 그래서 한국 가정에 희망이 보인다.

정서의 회복 과정을 알면 정서적 연합이 쉽다. 정서는 지금 느끼는 정서와는 다른 감정을 경험해야 회복된다. 우울한 사람을 우울한 상태로 내버려 두면, 절대로 회복되지 않는다. 우울한 사람이 타인을 통해서 위안을 경험하게 되면 우울감이 사라진다. 화가 난 사람에게 같이 화를 내거나 화난 채 내버려 두면 분노가 사라지지 않는다. 다가가서 안아 주면 분노와 다른 정서를 체험하게 된다. 그래야 사라진다. 이를 전문적으로 '교정적 정서 체험'이라고 한다. 예수님도 우리가 두려움에 쌓여 있을 때 친히 다가가서 안아 주고 위로해 준다. 새로운 정서를 체험함으로써 변화가 일어난다. 상처받은 마음을 그대로 내버려 두지 않고 사랑으로 감싸 준다. 새로운 경험으로 회복시켜준다. 하나님은 우리가 다가가면 반응한다. 접근과 반응이 연합의 재료다. 다가가는 사람에게 반응하면 결합되게 되어 있다.

며칠 전에 상담을 끝낸 남편이 했던 말이 기억난다. 평소 청소를 게을리 했다. 그런 아내를 고치기 위해서 끊임없이 지적했다. 그래서 아내는 남편이 집에 돌아올 때 되면, 불안해졌고 억지로 청소를 해서 집안은 깨끗해졌다. 상담을 받으면서 아내가 심하게 상처받고 우울했다는 말을 듣고 미안하고 반성하게 되었다. 상담이 끝날 무렵 남편은 "이제 집안 청소의 여부는 상관이 없어요. 오히려 아내가 밝아지고 행복해져서 저도 행복해요. 오늘도 집안 대충치우고 나왔어요"라며 활짝 웃었다. 비로소 아내는 청소에 신경 쓸 수 있는 힘이 더 생겨났다고 고백했다. 배우자를 고치려다가 행복을 놓치고 있지 않는지 생각해볼 때다!

▶▷ 생각 바꾸기

포기하지 않으면 하나님이 반드시 우리 부부를 연합시켜 주실 것이라는 믿음을 가져야 한다. 인류 최초의 부부에게 주신 부부 연합을 하나님이 누구보다 간절히 원하시기 때문이다. 이 시대 사탄은 하나님이 세운 부부 연합을 가장 먼저 깨려한다. 사탄의 계략에 넘어가지 말고 믿음으로 부부의 연합을 선포하라.

▶▷ 실천하기

- 배우자가 나와 다른 것을 인정하고 지지한다. 나와 달라 좋은 점은 칭찬하고, 힘들게 하는 점은 이해하기 위해 노력한다.
- 부부가 서로 다른 점과 같은 점이 무엇인지 기록한다. 원가족 문화의 차이를 이야기해 본다. 서로 비난하지 않고 그 다름을 공감한다.

▶▷ 기도하기

"부족한 나와 다른 남편(아내)을 주심에 감사합니다. 남편(아내)의 다름을 이해하게 하소서. 서로의 차이를 인정하고 품어 주길 원합니다. 하나님의 사랑으로 온전한 부부로 연합하게 하소서."

시작하면, 좋아질 수 있다

부부 관계가 회복되고 나면, 비로소 배우자가 보인다. 자신이 아플 때는 자기 고통에 집중할 수밖에 없다. 남편은 아내가 기다리는 집에 일찍 귀가하려 하고, 아내는 밝은 얼굴로 남편을 맞이할 수 있다. 배우자에 대한 부정적인 감정은 사라지고 배우자의 고통이 보이고 마음이 이해된다. 부부 연합의 몇 가지 단서가 나타나면, 부부 상담은 서서히 종결을 향하게 된다. 이러한 긍정적인 단서를 저자는 '부부 효과'라고 부른다.

첫 번째 부부 효과는 남편과 아내 모두 자신감이 증가한다. 다른 부부 효과는 타인을 신뢰하게 된다. 부모님과 자녀에게도 긍정적으로 다가간다. 비로소 고부 및 자녀 갈등을 해결한다.

또 다른 부부 효과는 상황을 긍정적으로 인식하고 판단이 정확해진다. 의사소통이 긍정적으로 변하고 정서적인 소통이 시작된다. 배우자를 격려할 수 있다.

참을성이 늘어나고 차이를 쉽게 극복할 수 있는 것 또한 부부 효과다. 엄밀하게 말하면 성격 차이로 부부 갈등이 생기는 것이 아니다. 부부 불화가 생기면 성격 차이를 크게 느낀다는 말이 맞다. 부부가 연합되면 차이를 크게 느끼지 않는다. 성격 차이로 이혼한다는 말은 잘못된 것이다. 부부 불화를 극복하지 못해서 이혼하는 것이다. 연합에 실패하여 점차 멀어지는 것이다. 회복되면 배우자가 실수해도 참을성이 늘어나고 마음의 여유가 생긴다. 분노가 줄어들고 따뜻한 반응이 늘어난다.

부부 효과의 다른 하나는 가정과 회사에서 일의 효율성이 늘어나고 즐겁다. 행복한 부부의 평균 임금이 불화 부부의 임금보다 높다는 연구 결과는 우연이 아니다.

부부 사랑은 고정되어 있지 않고 생기를 유지할 수 있다. 사라지는 것이 아니라 새롭게 만들어 가는 것이다. 이룰 수 없는 이상이 아니라 누릴 수 있는 현실이다. 많은 부부가 사랑을 유지하려면 어떤 노력을 해야 하는지 물어 온다. 물론 가장 중요한 것은 하나님의 사랑 안에서 부부가 연합하는 것이다. 부부제도를 하나님이 만들었기 때문에 믿음 안에 있을 때 가장 안전하기 때문이다. 그 외에 몇 가지 조언을 덧붙인다.

첫 번째로 일상생활의 고마움과 격려를 아끼지 말라.

두 번째는 부부 의식을 만들라고 강조한다. 아침저녁 출퇴근 시간에 가벼운 포옹과 격려하는 말, 정해진 시간에 식사와 영화 관람 등을 위해서 함께하는 외출, 특별한 날에 대한 축하 등을 말한다. 어느 부부의 경우 서로의 얘기를 판단과 비난 없이 들어주기만 하는 '경청의 시간'을 일주일에 한 번씩 갖고 있다.

다음으로 배우자의 문제보다 그 뒤에 있는 상처를 바라보라고 조언한다. 그리고 부부가 회복되면 5년 혹은 10년 후에 부부 모습이 어떻게 바뀌면 좋을지 질문한다. 부부만의 미래의 부부이야기를 적는 것은 부부가 어느 방향으로 나아갈지 비표가 된다.

마지막으로 부부가 배우기를 힘쓸 것을 조언한다. 부부 사랑의 생기를 유지하기 위해서 부부세미나, 부부학교, 상담, 교육 등을 받는 것을 힘써야 하고 게을리 말아야 한다.

당장이라도 헤어질 것처럼 냉랭하던 부부가 상담을 통하여 서로를 조금씩 이해하면서 서로에게 손을 내밀면, 그 순간 나 역시 그들과 하나가 된다. 많은 악기가 연주하는 오케스트라가 조화로운 화음을 낼 때 들려오는 평안과 희열이 그 속에 있다. 서로 마주 보는 것조차 쉽지 않던 부부가 마지막 끈을 놓지 않은 용기와 마지막까지 저자를 믿고 노력한 것이 고맙다. 다시 좋아질 수 있을지 의문이 들었을 텐데도 마지막까지 상담을 게을리 하지 않은 성의가 고맙다. 심각한 갈등과 불화 속에서도 '부부'는 끝까지 지켜낼 가치가 있는 소중한 관계임을 잊지 않았다.

부부 관계는 다른 그 무엇과도 바꿀 수 없다. 결혼을 하고 가정을 꾸린 이상, 당신의 행복을 결정하는 척도는 바로 '부부 연합'이다. 연합되지 않으면 부와 명예를 갖고도 고통 속에 신음할 수 있다. 경제적 안정과 성공도 연합되지 않은 상태에서는 빛나지 않는다. 배우자와의 행복한 삶이 결혼을 선택한 이유이지 않은가? 절박한 상황에 직면해서야 용서를 구하고 미안해하지 않으려면 부부 간에 문제를 인식한 지금 이 순간부터 연합을 위해서 노력해야 한다.

그렇다면 관계 회복을 위한 첫걸음은 누가 먼저 떼는 게 좋을까? 남편? 아니면 아내? 문제가 더 많은 쪽이 먼저 시작해야 한다는 사람도 있다. 어릴 때 부모에게 상처를 많이 받은 사람이 먼저 시도하기를 기다리는 사람도 있다. 잘못을 저지른 사람이 먼저 해야 한다는 사람도 있다. 하지만 나는 그렇게 생각하지 않는다. 지금 관계 회복의 필요성을 느끼는 사람이 먼저 시작하면 된다.

남편이 노력하면 아내가 행복해진다. 그리고 아내가 다가가면 남편이 행복해진다. 결국 부부가 가장 행복할 때는 자신의 배우자가 행복할 때다. 내가 먼저 용기를 내어 노력하면 결국 가장 행복해지는 건 나 자신이라는 사실을 잊지 말자. 하나님께서 에덴동산의 첫 부부에게 행복의 비밀을 말씀하셨다. 지금 우리 부부에게도 동일하게 말씀하신다. 믿음이 있는 당신은 부부로서 연합하였는가?

"이러므로 남자가 부모를 떠나 그의 아내와 합하여 둘이 한 몸을 이룰지로다 아담과 그의 아내 두 사람이 벌거벗었으나 부끄러워하지 아니하니라"(창 2:24-25).